C.H.BECK WISSEN

in der Beck'schen Reihe
2066

W0228702

Das Buch gibt einen Überblick über Zwangserkrankungen und verwandte Krankheitsbilder und informiert über psychologische, verhaltenstheoretische und neurobiologische Erklärungsmodelle. Der Erfolg neuerer Therapieverfahren zieht eine veränderte Einschätzung der Zwangskrankheit nach sich. Die Erfolgsaussichten bei der Behandlung der Zwangskrankheiten können sich inzwischen mit denen auf anderen Gebieten der Medizin messen lassen. Die Erkenntnisse, die mit Hilfe der modernen Pharmakotherapie gewonnen werden konnten, haben dazu beigetragen, daß man dem Verständnis der veränderten neurobiologischen Vorgänge näher gekommen ist. Die Beobachtungen über die biologischen Veränderungen bei Zwangskranken haben zu einem besseren Verständnis der Zwangskrankheit geführt.

Professor Dr. med. *Otto Benkert* ist Direktor der Psychiatrischen Klinik der Universität Mainz. Seine Hauptarbeitsgebiete sind die biologische Psychiatrie und die klinische Psychopharmakologie. Er ist Autor des Standardwerkes *Psychiatrische Pharmakotherapie* von Benkert/Hippius. In der Reihe C. H. Beck Wissen ist von ihm erschienen: *Psychopharmaka. Medikamente – Wirkung – Risiken* (BsR 2013).
Dr. med. *Martina Lenzen-Schulte* ist Medizinjournalistin.

Otto Benkert
Martina Lenzen-Schulte

ZWANGSKRANKHEITEN

Ursachen – Symptome – Therapien

Verlag C.H.Beck

Mit 3 Abbildungen und 7 Tabellen

Die Deutsche Bibliothek – CIP-Einheitsaufnahme

Benkert, Otto:
Zwangskrankheiten : Ursachen, Symptome, Therapien /
Otto Benkert ; Martina Lenzen-Schulte. – Orig.-Ausg. –
München : Beck 1997
  (Beck'sche Reihe ; 2066 : C. H. Beck Wissen)
  ISBN 3 406 41866 X
NE: Lenzen-Schulte, Martina ; GT

Originalausgabe
ISBN 3 406 41866 X

Umschlagentwurf von Uwe Göbel, München
© C. H. Beck'sche Verlagsbuchhandlung (Oscar Beck), München 1997
Gesamtherstellung: C. H. Beck'sche Buchdruckerei, Nördlingen
Gedruckt auf säurefreiem, alterungsbeständigem Papier
(hergestellt aus chlorfrei gebleichtem Zellstoff)
Printed in Germany

Dieter Krieg zum
60. Geburtstag

Seine gemalten Gegenstände
haben mir den Menschen
nähergebracht.
                    O.B.

S. 6/7: Goache von Dieter Krieg, 1997

Inhalt

I. Einleitung 11

II. Klinische Aspekte 16
   1. Definition und Erscheinungsformen:
      Was ist eine Zwangskrankheit? 16
      Zwangshandlungen 17 – Zwangsgedanken 22 – Zwangs-
      krankheit in Verbindung mit anderen psychiatrischen Er-
      krankungen 29
   2. Häufigkeit und Verlauf der Zwangskrankheit 31
   3. Zwangskrankheiten im Kindesalter 33
   4. Zwangskrankheiten bei Schwangerschaft
      und Geburt 35

III. Störungen aus dem Formenkreis
    der Zwangserkrankungen
    (obsessive-compulsive-spectrum disorders) 37
   1. Störungen der Impulskontrolle 37
      Trichotillomanie 40 – Kleptomanie 41 – Spielsucht 42 –
      Alkoholismus 43
   2. Tics – Tourette-Syndrom 46
   3. Eßstörungen 49

IV. Krankheitsmodelle:
    Was ist bei Zwangskranken geschädigt? 50
   1. Theoretische Vorbemerkungen 50
   2. Neurobiologische Krankheitsmodelle
      der Zwangskrankheit 53
      Störungen des neurochemischen Gleichgewichts 53 –
      Schädigung von Strukturen bestimmter Hirnareale 60
   3. Lerntheoretisches Modell
      der Zwangskrankheit 69
   4. Ethologische Aspekte der Zwangskrankheit 76

5. Zwangshandlungen und Gedächtnisstörungen. . .   82
6. Psychoanalytisches Verständnis
   der Zwangskrankheit   84

**V. Therapeutische Optionen: Wie kann man
eine Zwangskrankheit behandeln?**   86
1. Verhaltenstherapie/Kognitive Therapie   90
2. Pharmakotherapie.   99
   Clomipramin und selektive Serotonin-Wiederaufnahmehemmer 99 – Andere pharmakologische Therapiestrategien 108 – Therapieerfolge 111
3. Neurochirurgie.   119

Weiterführende Literatur   123

Register.   124

I. Einleitung

Die Zwangskrankheit war bis in die jüngste Vergangenheit hinein eher ein Stiefkind der Psychiatrie. Zum einen fehlte eine erfolgversprechende Behandlung. Zum anderen wurde die Erkrankung falsch eingeschätzt – und dies gilt leider in vielerlei Hinsicht.

Schon der Begriff „Analcharakter" – er wurde als charakterliche Struktur den Zwangskranken zugrunde gelegt – illustriert, in welch negativer Konnotation man im Zusammenhang mit dem Wort Zwang oder zwanghaft zu denken gewohnt ist. Ein zwanghafter Mensch, ein Zwangscharakter, das ist der unangenehme, penible, ordnungsversessene Nörgler. Er ist geizig, wenig spontan, unflexibel bis zum Starrsinn und eignet sich zu nichts weniger als zur Geselligkeit. Schließlich geht mit dieser Auffassung auch die Fehleinschätzung einher, daß Zwangskranke zwar ein wenig eigentümlich seien, aber nicht an einer echten Krankheit litten.

Einige der genannten Eigenschaften gelten als charakteristisch für die sogenannte zwanghafte Persönlichkeit. Diese Erkrankung ist von der eigentlichen Zwangskrankheit zu trennen. In der deutschen Psychiatrietradition wurde lange Zeit der enge Zusammenhang zwischen Zwangskrankheit und zwanghafter Persönlichkeitsstörung betont. Die feine Unterscheidung, die das medizinische System dennoch vornimmt, ist indessen dem Laien, der die ganze Problematik psychiatrischer Klassifikationen nicht übersehen kann, wenig bekannt. Dies mag mit ein Grund dafür sein, daß das Bild von der Zwangskrankheit auch heute noch von der negativen Bewertung des persönlichkeitsgestörten Analcharakters überlagert ist.

Es ist eindeutig das Verdienst der angloamerikanischen Psychiatrie, nachhaltig auf die Unterschiede zwischen zwanghafter Persönlichkeitsstörung und Zwangskrankheit aufmerksam gemacht zu haben. So konnte nachgewiesen werden, daß die geschilderten Eigenschaften der zwanghaften Persönlichkeitsstörung bei Zwangskranken nicht häufiger auftreten müssen als bei anderen Menschen auch. Es gilt eben auseinanderzuhalten, daß der zwangskranke Patient einerseits unter einer Krankheit leidet, die ihn zwingt, sich ständig zu waschen oder immerfort etwas zu kontrollieren. Andererseits hat dieser Kranke Persönlichkeitseigenschaften, die positiv oder negativ, krankhaft oder normal sein können, wie die von anderen, sonst gesunden Menschen auch. Er kann als Mitmensch ebenso liebenswert sein wie unangenehm.

An der negativen Bewertung, die dem Begriff „zwanghaft" noch immer anhaftet, ist indessen auch die Psychiatriegeschichte nicht ganz unschuldig. Es gibt eine lange Tradition von nicht immer kritisch hinterfragten Bewertungen psychiatrischer Krankheiten. Aus der engen Verbindung, in der Genie und Wahnsinn seit jeher gedacht wurden, beziehen Geisteskrankheiten wie die Schizophrenie eine gewisse Faszination. Auch eine andere Erkrankung, die Depression, profitiert von dem positiven Nimbus, der den melancholischen Zweifel umgibt. Schon seit der Antike wurde der tiefe Skeptizismus des Melancholikers immer auch als ein höchst interessantes philosophisches Problem interpretiert. So verwundert es nicht, wenn die immer wieder angeführten Wahnkrankheiten und Melancholien zahlreicher großer Gestalten der Geistesgeschichte suggerieren, daß diese Erkrankungen mit ein Grund für manche wissenschaftlichen oder künstlerischen Leistungen sein könnten. Eine Bewertung von Erkrankungen ist natürlich weder ethisch unbedenklich noch in medizinischer Hinsicht sachdienlich. Vergegenwärtigen sollte man sich diese Wertungen dennoch. Sie illustrieren, zu welch einseitiger und in mancher Hinsicht schlicht falscher Einschätzung der Zwangskrankheit es gekommen ist.

Berühmte Zwangskranke aus Literatur, Kultur und Politik, die den Vergleich mit solch schillernden Sympathieträgern aushalten könnten, gibt es nicht. Die häufig zitierten Beispiele bestätigen eher die Vorurteile, als daß sie sie widerlegen. So taucht immer wieder das Beispiel des amerikanischen Milliardärs Howard Hughes auf, der in seinen späten Jahren an einer zwanghaften Angst vor Berührung und Ansteckung litt. Während seine gesamte Umgebung die unsinnigsten Detailanweisungen zu befolgen hatte, um das Einschleppen von Keimen in seine nächste Umgebung zu verhindern, versank er selbst im Schmutz. Zu den vielen Unappetitlichkeiten, die stereotyp zu seinem Fall berichtet werden, gehört, daß seine Fingernägel sich aufrollten, weil paradoxerweise seine unendlichen Rituale zur Keimvermeidung eine sinnvolle normale Hygiene unmöglich machten. Es ist bezeichnend, daß in den Krankengeschichten meist unerwähnt bleibt, daß Hughes vor dem Ausbruch seiner Zwangskrankheit ein sehr kreativer Ingenieur war und dazu noch äußerst verwegen – er hat unter anderem ein Flugboot entwickelt und seine Erfindungen selbst getestet.

In ähnlicher Weise erwecken auch andere Schilderungen berühmter Zwangskranker oder Beispiele aus der Literatur den Eindruck, als erschöpfe sich die Krankheit in Schrullen und Absonderlichkeiten. Der Ernst des Leidens wird übersehen. Am ehesten gelingt es noch dem polnischen Arzt und Science-Fiction-Autor Stanisłav Lem, eine Metapher dafür zu finden, wie die grausame Logik der Zwangskrankheit unausweichlich in die Katastrophe führen kann. In seiner Erzählung „Ananke" schildert er, welche Folgen es hat, wenn ein Computer von einem Zwangskranken programmiert worden ist.

Ein weiteres Mißverständis, das noch nicht überall ausgeräumt ist, betrifft die Behandlungserfolge bei Zwangskranken. Die falsche Ansicht, das Zwangsleiden sei therapeutisch nicht zu beeinflussen, trifft man selbst heute noch an, mitunter sogar bei Ärzten. Das hängt vielleicht damit zusammen, daß man jahrzehntelang vergeblich versucht hat, Zwangskrankheiten mit Hilfe tiefenpsychologischer Verfahren zu therapieren. Zwangshandlungen und Zwangsgedanken eignen sich zwar wie kaum ein anderes psychopathologisches Symptom dazu, die psychoanalytische Neurosentheorie über die Ursachen psychischer Konflikte zu veranschaulichen. Zur Heilung von Zwangskranken konnte sie indessen nicht viel beitragen. Judith L. Rapoport, eine der bekanntesten Zwangsforscherinnen in den Vereinigten Staaten, hat diese Diskrepanz zwischen

Anspruch und Leistung eines Krankheitsmodells als „mit die größte Ironie in der Geschichte der Psychiatrie" bezeichnet. Der übermächtige Einfluß der psychoanalytischen Vorstellungen mag auch dazu beigetragen haben, daß sich effektivere Therapieverfahren erst spät durchsetzen konnten. Schon im 19. Jahrhundert ist die erfolgreiche Anwendung verhaltenstherapeutischer Prinzipien bei Zwangskranken beschrieben worden. Erst ungefähr hundert Jahre später hat man die Bedeutung der Verhaltenstherapie für die Behandlung der Erkrankung erkannt und breit angewendet.

Schließlich kamen mit dem Wirkstoff Clomipramin und einigen Substanzen aus der Reihe der selektiven Serotonin-Wiederaufnahmehemmer die bislang wirksamsten Pharmaka zur Behandlung der Zwangskrankheit hinzu. Inzwischen können sich die Erfolgsaussichten bei der Behandlung der Zwangskrankheit durchaus mit denen auf anderen Gebieten der Psychiatrie und anderer Fachdisziplinen in der Medizin messen lassen. Aber der auch auf professioneller Seite mitunter immer noch anzutreffende therapeutische Pessimismus ist wohl einer der Gründe, warum lediglich einer von zehn zwangskranken Patienten behandelt wird.

Es zeichnet sich jedoch ab, daß gerade der Erfolg neuerer Therapieverfahren eine veränderte Einschätzung der Zwangskrankheit nach sich ziehen wird. Vor allem diejenigen Erkenntnisse, die mit Hilfe der modernen Pharmakotherapie gewonnen werden konnten, haben dazu beigetragen, daß man endlich auch dem Verständnis der entgleisten neurobiologischen Vorgänge näher gekommen ist. Parallel dazu gestatteten moderne bildgebende Verfahren einen Einblick in die bei der Zwangskrankheit krankhaft veränderte Funktionsweise des Gehirns. Gerade diese wichtigen Beobachtungen über die biologischen Veränderungen bei Zwangskranken haben zu einem besseren Verständnis der Zwangskrankheit geführt. Diese Erkenntnisse machen plötzlich Zusammenhänge mit anderen Erkrankungen erklärbar, wo man noch vor Jahren nur unzusammenhängende Phänomene gesehen hat. Die großen Fortschritte im Bereich der neurobiologischen Forschung und das stark gestiegene wissenschaftliche Interesse an der Zwangskrankheit lassen hoffen, daß in den nächsten Jahren wichtige Probleme im Zusammenhang mit der Zwangskrankheit aufgeklärt werden können. Im Hinblick auf therapeutische Strategien und das Selbstverständnis des Zwangskranken liegen indessen jetzt schon genügend Fakten vor, um den alten Vorurteilen selbstbewußt entgegentreten zu können.

II. Klinische Aspekte

1. Definition und Erscheinungsformen: Was ist eine Zwangskrankheit?

Die allermeisten Menschen handeln so wie Zwangskranke auch: Sie kontrollieren, ob Wohnung oder Haus beim Weggehen tatsächlich verschlossen sind oder ob der Herd auch abgeschaltet ist. Sie zählen auf der Bank die abgehobenen Geldscheine nach. Sie essen nicht mehr mit einer Gabel, die auf den Boden gefallen war, und waschen sich die Hände, wenn sie etwas Schmutziges angefaßt haben. Dies alles ist weder spektakulär noch ungewöhnlich oder gar krankhaft. Derartig normale und alltägliche Verhaltensweisen werden erst dann zu einer Zwangskrankheit, wenn sie sich permanent oder für nicht unerhebliche Zeit des Tages aufdrängen und das private und berufliche Leben des Betroffenen massiv beeinträchtigen. Es ist demzufolge nicht das, was der Zwangskranke tut oder denkt, das die Zwangskrankheit ausmacht, sondern das quantitative Ausmaß der Beinträchtigung, die er subjektiv und objektiv erlebt. Der Gesunde kontrolliert in der Regel einmal, wäscht sich einmal die Hände, zählt einmal sein Geld nach. Der Zwangskranke fühlt sich gedrängt, derartige Handlungen bis zu hundertmal oder noch öfter zu vollziehen. Das kann Stunden, mitunter Tage in Anspruch nehmen. Ein sinnvolles Arbeiten oder ein ausgeglichenes Privatleben sind unter diesen Bedingungen oft nicht aufrechtzuerhalten.

Die Zwangskrankheit kann sich sowohl im Tun als auch im Denken manifestieren. Demzufolge unterscheidet man zwischen *Zwangshandlungen* und *Zwangsgedanken*. Der in der englischsprachigen Literatur verwendete Begriff „*compulsions*" steht für Zwangshandlungen und macht insbesondere das ungewollte Getriebensein deutlich, der Begriff „*obsessions*" für Zwangsgedanken beinhaltet zugleich auch den wichtigen Gesichtspunkt des quälenden Besessenseins von den Gedanken, denen sich der Betroffene nicht entziehen kann. Im anglo-amerikanischen Sprachgebrauch heißt die Zwangskrankheit folglich „*obsessive-compulsive disorder*". Der deutsche Begriff „Zwang" läßt diese Unterscheidung nicht zu. Zwangshandlungen sind sehr viel häufiger als reine Zwangsgedanken, wobei die Prozentangaben hier erheblich schwanken. Exakt ist dies schon deshalb kaum zu erfassen, weil gerade Patienten mit reinen Zwangsgedanken selten einen Therapeuten aufsuchen und deshalb in den offiziellen Statistiken kaum erfaßt werden. Mithin ist von einer hohen Dunkelziffer auszugehen. Schätzungen gehen davon aus, daß etwa ein Zehntel aller Zwangspatienten, die in eine Klinik kommen, von reinen Zwangsgedanken betroffen sind und die übrigen unter Zwangshandlungen leiden, die aber von Zwangsgedanken begleitet sein können.

Zwangshandlungen

Zu den häufigsten Zwangshandlungen zählen *Kontrollzwänge* und Waschzwänge. Mitunter erweckt gerade unter Laien und Nicht-Betroffenen die Vorstellung eines Menschen, der ständig wieder in die Wohnung zurückkehrt und überprüft, ob sie auch abgeschlossen ist, oder von jemandem, der am Waschbecken steht und sich unzählige Male die Hände waschen muß, Heiterkeit. Das wird der Problematik ganz und gar nicht gerecht. Derartige Zwänge können die gesamte Lebensperspektive eines Menschen zerstören. Der Zwang, noch einmal kontrollieren zu müssen, ob die Wohnung abgeschlossen ist, kann dazu führen, daß der Betreffende am Morgen stundenlang nur damit beschäftigt ist. Er kommt nicht rechtzeitig zu seinem Arbeitsplatz, und der Weg über Arbeitslosigkeit in die soziale Isolierung ist geradezu vorprogrammiert. Kontrollzwänge können sich natürlich auf alles beziehen, was kontrollierbar ist oder zu sein scheint. Das Ausschalten von Elektrogeräten gehört ebenso dazu wie das Abschließen des Autos oder das Kontrollieren von Bankauszügen. Im Beruf verhindert das ständige Kontrollieren, daß bestimmte Arbeitsschritte überhaupt fertig werden. Wie nahe sich dabei erwünschte und hinderliche Eigenschaften im Beruf kommen können, zeigt das

Beispiel eines Wissenschaftlers. Einerseits ist Dr. D. bei der Aufgabe, ein wissenschaftliches Problem korrekt aufzuarbeiten, äußerst exakt und skrupulös. Er bemüht sich, alle verfügbaren Textquellen, die seine wissenschaftliche Fragestellung betreffen, zu diskutieren und zu zitieren. Das bringt ihm einerseits den Ruf ein, unter den Kollegen den mit Abstand besten Überblick über die einschlägige wissenschaftliche Literatur zu haben. Dies bewirkt aber andererseits, daß er nie mit dem Sammeln wissenschaftlicher Zitate fertig wird und damit regelmäßig versäumt, seine Arbeiten rechtzeitig in wissenschaftlichen Zeitschriften zu publizieren. Die Eigenschaft, die ihn zum exakten Forscher machen könnte, lähmt damit gleichzeitig sein Fortkommen.

Waschzwänge können ebenso beeinträchtigend sein wie Kontrollzwänge. Sie zwingen den Kranken nicht selten zu stundenlangem Händewaschen oder Duschen. Die Angst vor Ansteckung durch Keime läßt die Kranken dieses Verhalten unter Umständen nach jedem Aufenthalt außerhalb der Wohnung oder nach jedem Händedruck ausführen. Manche haben in ihrer Wohnung dazu regelrechte Schleusen eingebaut. Sie wollen damit verhindern, daß Keime in die Wohnung eingeschleppt werden. Nicht selten müssen sich sämtliche Familienmitglieder den absurd erscheinenden Säuberungsritualen unterziehen. Es kommt vor, daß ein solcher Patient innerhalb eines Jahres mehrmals die Wohnung wechselt, weil er glaubt, sich den Keimen darin auf andere Art nicht mehr entziehen zu können. Andere meiden zunehmend den Kontakt mit anderen Menschen, weil jeder Händedruck Angst vor Ansteckung hervorrufen kann. Das zieht nicht selten unüberwindbare Schwierigkeiten am Arbeitsplatz nach sich und macht ein normales Privatleben unmöglich.

Kontroll- und Waschzwänge sind die häufigsten Zwangshandlungen. Zu den seltener vorkommenden Zwangsformen gehört der *Zählzwang*. Die Betroffenen müssen im Alltag ständig zählen, zum Beispiel die Stufen einer Treppe, Glockenschläge oder die Fenster eines Hauses, an dem sie vorübergehen. Bei Kindern ist ein solches Verhalten jedoch durchaus normal (zur Zwangskrankheit bei Kindern s. u. S. 33). Manche Kranke müssen eine vorgegebene Zahl immer wieder erfüllen. Treppenstufen, die sie nehmen, müssen dann durch diese Zahl teilbar sein, sonst muß ein anderer, zum Teil erheblich weiterer Weg genommen werden. Alles, was sie tun, steht unter dem Diktat einer Zahl. Bei der Arbeit müssen soundsoviele Stunden gearbeitet, Blätter beschrieben oder Punkte erreicht werden. Bücher, deren Blätter nicht das Vielfache einer solchen Zahl ergeben, können nicht benutzt werden. Können die Zahlenrituale nicht eingehalten werden, muß der Arbeitsschritt wiederholt werden. Das verhindert manchmal, daß der Kranke bestimmte Arbeiten überhaupt in Angriff nehmen oder zu Ende führen kann.

Eine andere Zwangsform stellt schließlich der *Sammelzwang* dar. Es wird beschrieben, daß Patienten Tageszeitungen lückenlos über Jahrzehnte sammeln. Menschen, die unter Sammelzwängen leiden, haben in ihren Wohnungen ganze Zimmer mit ihren Sammelobjekten blockiert. Andere horten Abfälle und inspizieren ihren Müll, um Dinge auszusortieren, die keinesfalls weggeworfen werden dürfen. Der bereits erwähnte Dr. D. füllte sein Arbeitszimmer so sehr mit Zeitschriften und wissenschaftlicher Literatur an, daß er es nicht mehr betreten konnte und einen zweiten Raum benutzen mußte.

Zu den selteneren Zwangsformen zählt beispielsweise der *Zwang, sich ständig zu einem Fehler bekennen* zu müssen. Diese Patienten erwarten dann von ihrer Umgebung immer wieder die Versicherung, daß sie diesen Fehler gar nicht begangen haben.

Der *Zwang, andere Menschen ständig berühren zu müssen*, illustriert, daß bei manchen Zwangsformen eine relativ einfache und klar umschriebene Bewegung, also eine motorische Komponente, die Hauptrolle spielen kann. Dies ist im Zusammenhang mit einer biologischen Erklärung des Zwangsverhaltens ein nicht unwichtiges Detail. Auf die Bedeutung von umschriebenen Bewegungszwängen soll im folgenden Kapitel im Rahmen der Erläuterung von sogenannten Ticartigen Störungen noch näher eingegangen werden.

Ordnungszwänge können ebenfalls zur Krankheit werden. Ein eindrucksvolles Beispiel beschreibt Hoffmann (1994) in dem Ordnungsritual, das ein Vater seinem 14 Jahre alten Sohn bei den Hausaufgaben auferlegte. Der Sohn mußte dazu in einem Formblatt die Aufgaben sowie die dafür benötigte Zeit eintragen. Er mußte mit Unterschrift bestätigen, alles nach bestem Wissen bearbeitet zu haben. Bei Durchsicht der Hausaufgaben zitierte der Vater den Sohn mit einem Klingelzeichen herbei, um ihm dann die Fehler zu zeigen. Blieb eine Aufgabe unbeanstandet, wurde das entsprechende Formblatt abgeheftet, nachdem Vater und Sohn die Erledigung der Aufgabe mit ihrer Unterschrift bestätigt hatten. Ein derartiger Ordnungszwang belegt nicht allein eindrucksvoll den Ritualcharakter einer Zwangshandlung. Er macht zugleich deutlich, wie stark auch Familienmitglieder von der Zwangskrankheit ihres Angehörigen mitbetroffen sind.

Schließlich illustrieren Ordnungszwänge auch sehr gut, daß es Übergänge vom normalen Verhalten bis zur echten Zwangskrankheit geben kann. Denn nicht immer ist – wie in dem hier zitierten Beispiel – die Abweichung von der Normalität so klar. Was nämlich dem einen das selbstverständliche und normale Einhalten von Regeln ist, bedeutet einem anderen schon umständliche und abnorme Pedanterie. Wann dann schließlich ein – auch umgangssprachlich so bezeichnetes – zwanghaftes Verhalten in eine echte Zwangskrankheit mündet, ist auch für einen Arzt, der mit diesen Erkrankungen vertraut ist, nicht immer leicht zu erkennen. Aber obwohl diese Unterscheidung schwierig sein kann, sollte dies keinesfalls einem undifferenzierten Blick auf die Zwangskrankheit Vorschub leisten: Ein Zwangskranker ist gerade nicht ein etwas zu ordentlicher, pedantischer Mensch. Dieses Mißverständis hat sehr lange den Blick auf das tatsächliche Leiden zwangskranker Patienten verstellt.

Deshalb ist es auch wichtig, zwischen Zwangsstörung und zwanghafter, *anankastischer Persönlichkeitsstörung* zu unterscheiden. (Der von Freud geprägte Begriff „*Analcharakter*" verweist noch auf das alte Konzept der Charakterstörungen.)

Kennzeichen der zwanghaften Persönlichkeitsstörung sind Ordnungsliebe, Geiz und Unflexibilität bis zum Starrsinn. Sowohl berufliche Tätigkeiten als auch private Verrichtungen werden mit größtmöglicher Sorgfalt und äußerst penibel verrichtet. Solcherart gestörte Menschen fallen erst dann auf, wenn das Streben nach Perfektionismus und ihr übertriebenes Interesse für Detailfragen zu Verzögerungen führt, so daß sie ihre Arbeiten nicht zum Abschluß bringen oder nur verspätet erledigen können. Vor allem in der deutschen Psychiatrie wurde traditionsgemäß die zwanghafte Persönlichkeitsstörung als die der eigentlichen Zwangskrankheit zugrunde liegende (prämorbide) Persönlichkeitsstruktur angesehen. Eine Zwangskrankheit mit Symptomen wie Zwangshandlungen und Zwangsgedanken soll sich dieser Vorstellung zufolge insbesondere unter belastenden Lebensumständen entwickeln können. In der angloamerikanischen Psychiatrietradition hat man indessen die Zwangskrankheit eher als Angsterkrankung interpretiert und Zwangssymptome und Persönlichkeitsmerkmale seit jeher getrennt betrachtet. Überdies gilt dort als Unterscheidungmerkmal, daß das eigene Tun von den Zwangskranken als unsinnig, ich-fremd (ich-dyston) empfunden wird, Personen mit zwanghafter Persönlichkeit ihr Verhalten jedoch richtig empfinden (ich-synton). Sie sind im Gegenteil sogar eher der Überzeugung, daß sie allein sich richtig verhalten.

Inzwischen liegen Untersuchungen vor, denen zufolge lediglich etwa zehn Prozent aller Zwangskranken auch Merkmale der zwanghaften Persönlichkeitsstörung aufweisen. Insofern scheint es also sinnvoll zu sein, zwischen beiden Störungen zu unterscheiden. Es ist jedoch nicht zu leugnen, daß es auch Übergänge gibt. Gerade am Beispiel Ordnungszwang wird deutlich, daß auch die Grenze zum Normalverhalten fließend sein kann. Ein Mensch, der vor einer Reise seine Fahrkarten, Kreditkarten und andere wichtige Unterlagen überprüft, handelt normal. Bei einem Zwangskranken kann dies Stunden in Anspruch nehmen, und er verpaßt dabei vielleicht seinen Abfahrtermin. Dazwischen gibt es eine ganze Skala von Verhaltensmöglichkeiten, deren Zuordnung zu gesund, persönlichkeitsgestört und zwangskrank nicht immer einfach ist.

Auf die Problematik um den Begriff der zwanghaften Persönlichkeit und der Abgrenzung zur eigentlichen Zwangskrankheit muß auch deshalb so nachhaltig aufmerksam gemacht werden, weil leider auch heute noch die Vorstellung des etwas schrulligen, eigenwilligen und ordnungsversessenen Geizkragens dominiert, wenn von Zwangsleiden die Rede ist. Damit ist eine Bewertung der Gesamtperson verbunden, die sich einerseits aus ethischen Gründen von vornherein verbieten sollte, die aber andererseits auch unbegründet ist. Ein solch implizites Werturteil hat nur zur Folge, daß die gesunden, normalen Facetten des zwangskranken Menschen übersehen werden. Dies führt mitunter auch dazu, daß das Verständnis für das tatsächliche Ausmaß des Leidens eines zwangskranken Menschen fehlt, weil Krankheit fälschlich als Schrullenhaftigkeit mißverstanden wird. Natürlich gibt es auch innerhalb der Zwangskrankheit minder schwere Ausprägungen, die vom Patienten relativ gut toleriert werden und sein tägliches Leben kaum beeinträchtigen. Das sollte jedoch nicht dazu führen, daß der Krankheitscharakter einer schweren Zwangskrankheit fälschlich verharmlost wird.

Zwangsgedanken

Zu den Zwangsgedanken zählen krankhaftes Zweifeln, Zwangsbefürchtungen und Zwangsvorstellungen sowie Zwangsimpulse.

Als krankhaftes Zweifeln bezeichnet man die ständige Ungewißheit des Kranken hinsichtlich der Folgen seines eigenen Tuns, gepaart mit der Befürchtung, irgendein Unglück angerichtet zu haben. Dazu gehört beispielsweise die Angst, jemanden auf einer Autofahrt überfahren zu haben. Nicht selten dient dem Kranken dann eine nachfolgende Zwangshandlung – bei dem Beispiel daß er immer wieder dieselbe Strecke abfahren muß – der Vergewisserung, daß der Zwangsgedanke sich grundlos aufgedrängt hat.

Zwangsbefürchtungen und Zwangsvorstellungen beziehen sich ebenfalls häufiger auf die Befürchtungen um andere Personen als auf das eigene Unglück. Dabei sehen die Betroffenen die Horrorszenarien von Unfällen und Katastrophen vor sich, beispielsweise Leichenberge nach Flugzeugabstürzen, Ertrinkende bei Flutkatastrophen oder brennende Menschen bei Brandunfällen. Häufig fühlen sie sich in irgendeiner Weise für das Unglück verantwortlich (pathologische Schuld).

Von Zwangsimpulsen spricht man, wenn der Patient den Drang spürt, er könnte selbst jemanden verletzen, insbesondere, wenn er einen gefährlichen Gegenstand in die Hand nimmt oder etwas in seinen Augen Ungehöriges oder Peinliches tut. Dazu gehört die Angst, das eigene Kind zu verletzen, wenn man ein Messer in die Hand nimmt, oder es aus großer Höhe fallen zu lassen, wenn man eine Brücke überquert. Dazu gehört auch die Angst, an unpassender Stelle Flüche auszustoßen. Der Inhalt dieser Zwangsimpulse kann auch sexueller Natur sein, z. B. die Angst, sich plötzlich entkleiden zu müssen, wenn man bestimmte Orte betritt. Ausgeführt werden diese Impulse indessen so gut wie nie. Es gibt hierbei offenbar eine interne Kontrolle, die nicht zuläßt, daß diesen Impulsen nachgegeben wird.

Schließlich sollte noch auf eine sehr seltene Form der Zwangskrankheit, die sogenannte *„primäre zwanghafte Langsamkeit"* hingewiesen werden. Hierbei führen die Kranken Alltagshandlungen wie in Zeitlupe aus. Das Attribut „primär" kennzeichnet dabei die Tatsache, daß die extremen Verzögerungen nicht Folge einer anderen Zwangssymptomatik sind. Die Langsamkeit betrifft genuin die alltäglichen Verrichtungen selbst.

All die beschriebenen Zwangshandlungen und Zwangsgedanken weisen trotz der verschiedenen Inhalte doch Gemeinsamkeiten auf, die gleichsam die Struktur einer Zwangskrankheit ausmachen. Das bedeutet, daß nicht Handlungen wie Waschen, Sammeln oder Ordnung halten als solches krankhaft sind, sondern erst gewisse subjektive und objektive

Begleitphänomene diese Handlungen zu Zwangshandlungen machen.

Dazu gehört, daß der Zwangskranke sich innerlich zu seinem Handeln gedrängt und von unerträglicher Angst bedroht fühlt, falls er das Kontrollieren oder Waschen unterläßt. Andere berichten von einem Gefühl der Unruhe, Anspannung oder Gereiztheit, das ihnen im Falle des Unterlassens der Zwangshandlungen droht. Der Patient leistet zwar einen gewissen Widerstand gegen die aufkeimenden Gedanken oder gegen die Ausführung der Handlungen, weil er die Unsinnigkeit seines Tuns oder Denkens einsieht. Er muß diesem Drang aber wegen der übermächtigen Angstbedrohung nachgeben. (Bei Zwangsimpulsen widersteht er zwar der befürchteten Handlung als solcher. Er muß jedoch ständig denken, was er nicht denken will.)

Die Einsicht des Zwangskranken hat einen sehr ambivalenten Charakter. Es gehört zur Definition einer Zwangskrankheit, daß der Patient von der Unsinnigkeit seines Tuns überzeugt ist. Er muß sich davon distanzieren können. Fehlt diese Einsicht, hält also der Patient sein Tun für angemessen, so spricht dies eher für einen Wahn. Im Wahn kann der Patient nicht mehr beurteilen, was wirklich ist und was nicht, er verliert den Bezug zur Realität. Für einen Außenstehenden ist der Wahn uneinfühlbar. Der Realitätsbezug ist beim Zwangskranken jedoch immer vorhanden, so daß Einsicht in die Absurdität seines Handelns prinzipiell möglich ist.

Der Zwangskranke versucht dennoch, sein Tun rational zu rechtfertigen, indem er beispielsweise erklärt, er vermeide mit dem ständigen Waschen eine Ansteckung, die rein theoretisch denkbar wäre; oder er verhindere durch die Kontrolle, ob die Tür abgeschlossen ist, daß ein Dieb in die Wohnung einbricht. Diese Erklärungen haben jedoch einen pseudo-rationalen Charakter. Um bei dem Beispiel des Waschzwangs zu bleiben: Es ist medizinisch zweifellos so, daß das viele Waschen die Hände schädigt und dadurch die natürliche Barriere für Keime zerstört wird. Keime können dann um so eher die Haut durchdringen, und die Ansteckungsgefahr wird durch das viele Waschen nur größer. Diese Patienten leiden sogar nicht selten unter Entzündungen, die immer wieder einen Nährboden für Keime bilden. Das verdeutlicht, daß die Erklärungen des Zwangskranken zwar einen rationalen Kern haben – es ist prinzipiell möglich, daß durch ein eingeschaltetes Bügeleisen ein Brand entsteht. Es gelingt dem Zwangskranken indessen nicht, sich selbst bezüglich der Frage „was ist, wenn ich das Bügeleisen doch nicht ausgeschaltet habe" sinnvoll zu beruhigen. Eine Kontrolle genügt, anders als bei gesunden Menschen, nicht. Das macht das Handeln des Zwangskranken irrational. Es ist geradezu ein Kennzeichen von Zwangskranken, daß sie in Bezug auf das Zwangsgeschehen eine abnorm negativ getönte, gänzlich unvernünftige Risikoabschätzung vornehmen. Es ist eben nicht vernünftig, anzunehmen, daß man sich in der Straßenbahn, beim Einkaufen, bei Kollegen oder beim Freizeitspaß mit gefährlichen Bakterien infiziert. Der Zwangskranke nimmt im Widerspruch zur Wahrscheinlichkeit und im Widerspruch zum gesunden Menschenverstand immer die ungünstigste aller Möglichkeiten an, generalisiert diese und versucht, gegen deren Eintreffen Vorsorge zu treffen.

Obwohl sie einsehen, daß dies ein völlig sinnloses Unterfangen darstellt, ist es den Zwangskranken nicht möglich, ihre Zwangshandlungen zu unterlassen oder ihre Zwangsgedanken zu unterdrücken. Das ist schwer zu begreifen und führt gerade bei Angehörigen und Freunden zu wenig Verständnis. Denn nach allgemeiner Ansicht müßte derjenige, der die Unsinnigkeit seines Tuns einsieht, dies auch unterlassen können. Ein wesentlicher Bestandteil der Aufklärung über die Zwangskrankheit ist es, dieses Unvermögen des Zwangskranken nachhaltig deutlich zu machen. Wie wenig rationale Argumente einen Zwangskranken zu überzeugen vermögen, zeigt das Beispiel eines Chirurgen (Rasmussen in Zohar 1991), der aus Angst vor einer Leistenhernie sich mehrere hundert Male am Tag selbst die Leistenregion untersuchte. Es hatte sich durch das viele Untersuchen sogar ein Geschwür gebildet. Als Arzt war er über die tatsächliche Problematik bestens aufgeklärt,

konnte sich dem Zwang trotz aller Einsicht jedoch nicht entziehen.

Auch die Tatsache, daß die Zwangskranken meist unter allen Umständen versuchen, ihr Handeln vor anderen zu verbergen, belegt ihre Einsicht in die Sinnlosigkeit ihres Tuns.
Patienten mit Waschzwang werden jahrelang vom Hautarzt
behandelt, ohne daß der wahre Grund für die durch das viele
Waschen ausgelösten Hautentzündungen offenbar würde.
Dabei kann es häufig zu Mißverständnissen kommen, wodurch die Gefahr zunehmender sozialer Isolation besteht. So
berichtet Hoffmann (1994) von einem jungen Mädchen, das
strikt alle Dinge und Personen meiden mußte, die irgendwie
mit dem Tod in Berührung gekommen waren. Da die Familie
von diesen verborgenen Verhaltensregeln nichts ahnte, führte
das brüske und ablehnende Verhalten des Mädchens gegenüber Angehörigen und Freunden zu ständigen Zerwürfnissen.
Oft muß es in solchen Fällen erst zu einer Eskalation der
familiären Probleme kommen, bis ein Zwangskranker über
seine geheimgehaltenen Zwangsregeln sprechen kann.

Mitunter werden aber auch ganze Familien in das Zwangsritual miteinbezogen. So gibt es Fälle, in denen Ehepartner
und Kinder nach jeder Rückkehr ins Haus sämtliche Kleider
ablegen und sich umständlichen Reinigungsritualen unterziehen müssen, damit keine schädlichen Keime eingeschleppt
werden. Die Familie wird dann zur verschworenen Gemein-
schaft, die das Geheimnis vor der Außenwelt hütet. Das führt
dazu, daß Zwangskranke in der Regel erst nach Jahren einen
Therapeuten aufsuchen. Im Durchschnitt vergehen etwa zehn
Jahre nach Beginn der Zwangsproblematik, bis eine stationäre
Behandlung erfolgt. (Ein weiterer Grund dafür besteht in der
noch immer weit verbreiteten, aber falschen Ansicht, derartige
Erkrankungen könnten nicht erfolgreich behandelt werden.)

Ein weiteres Kennzeichen von Zwangskrankheiten sind die
Ausbreitungstendenzen. Ist beispielsweise zu Beginn einer Erkrankung ein Zwangsimpuls zunächst darauf beschränkt, aus
Angst, einen anderen zu verletzen, kein Messer in die Hand zu
nehmen, so kann sich diese Angst bald auf alle möglichen

spitzen Gegenstände beziehen. Der Kranke traut sich dann auch nicht mehr, einen Bleistift oder Korkenzieher in die Hand zu nehmen. Ein weiteres Beispiel ist die Angst einer Krankenschwester, sich durch das Blut von AIDS-Kranken anzustecken. Später hat sich dann ihre Angst auf alles ausgedehnt, was rot ist. Eine Patientin berichtete, daß zunächst nur Friedhöfe bei ihr zwanghafte Vermeidungsreaktionen auslösten. Später waren es alle Worte im Zusammenhang mit Tod oder Ewigkeit. Dazu zählten schließlich auch Zahlenkombinationen, die zufällig die Todesdaten ihrer Eltern oder die Nummer des Krankenzimmers, in dem ihre Mutter gestorben war, wiederholten. Sie konnte im Supermarkt nicht bezahlen, wenn die Rechnung solche Zahlen enthielt.

Im Verlauf der Erkrankung können Zwänge auch wechseln. Zwanghaftes Waschen kann in zwanghaftes Kontrollieren umschlagen und umgekehrt. Sehr häufig ist das Zwangsleiden nicht auf eine der beschriebenen Unterformen begrenzt, sondern setzt sich aus multiplen Zwangshandlungen und Zwangsgedanken zusammen. Schätzungen gehen davon aus, daß etwa 70 bis 90 Prozent der Kranken sowohl unter Zwanghandlungen als auch unter Zwangsgedanken leiden.

Für die Diagnose einer Erkrankung ist es erforderlich, daß diese klar definiert wird und von ähnlichen Erkrankungen unterschieden werden kann. Einer solchen Kategorisierung von psychiatrischen Erkankungen versuchen zwei Klassifikationssysteme Rechnung zu tragen. Das ist zum einen das Diagnostische und Statistische Manual Psychischer Störungen (DSM IV), das in den USA entwickelt worden ist, und zum anderen die Internationale Klassifikation von Erkrankungen (ICD-10), die von der Weltgesundheitsorganisation herausgegeben wurde. Die in der ICD-10 aufgestellten Kriterien für das Vorliegen einer Zwangskrankheit – sie entsprechen im wesentlichen denen des DSM IV – sind in der *Tabelle 1* aufgelistet. *Tabelle 2* enthält die Kriterien zur Diagnose einer zwanghaften Persönlichkeitsstörung. Auf die Problematik der Abgrenzung dieser beiden Erkrankungen wurde bereits eingegangen. Solche Klassifikationssysteme enthalten nicht die einzig gültige Definition

Tabelle 1: Definition der Zwangskrankheit nach ICD-10

Diagnostische Leitlinien:

Für eine eindeutige Diagnose sollen wenigstens zwei Wochen lang an den meisten Tagen Zwangsgedanken oder -handlungen oder beides nachweisbar sein; sie müssen quälend sein oder die normalen Aktivitäten stören. Die Zwangssymptome müssen folgende Merkmale aufweisen:

1. Sie müssen als eigene Gedanken oder Impulse für den Patienten erkennbar sein.
2. Wenigstens einem Gedanken oder einer Handlung muß noch, wenn auch erfolglos, Widerstand geleistet werden, selbt wenn sich der Patient gegen andere nicht länger wehrt.
3. Der Gedanke oder die Handlungsausführung dürfen nicht an sich angenehm sein (einfache Erleichterung von Spannung und Angst wird nicht als angenehm in diesem Sinne betrachtet).
4. Die Gedanken, Vorstellungen oder Impulse müssen sich in unangenehmer Weise wiederholen.

Tabelle 2: Definition der Zwanghaften (anankastischen) Persönlichkeitsstörung nach ICD-10

Sie ist definiert als Persönlichkeitsstörung mit folgenden Merkmalen:

1. Unentschlossenheit, Zweifel und übermäßige Vorsicht als Ausdruck einer tiefen persönlichen Unsicherheit.
2. Perfektionismus, Bedürfnis nach ständiger Kontrolle und peinlich genaue Sorgfalt, was zur Bedeutung der Aufgabe in keinem Verhältnis steht und bis zum Verlust des Überblicks über die allgemeine Situation führt.
3. Übermäßige Gewissenhaftigkeit, Skrupelhaftigkeit und unverhältnismäßige Leistungsbezogenheit unter Vernachlässigung von Vergnügen und zwischenmenschlichen Beziehungen.
4. Pedanterie und Konventionalität mit eingeschränkter Fähigkeit zum Ausdruck warmer Gefühle.
5. Rigidität und Eigensinn, wobei andern gegenüber auf einer Unterordnung unter eigene Gewohnheiten bestanden wird.
6. Andrängen beharrlicher und unerwünschter Gedanken oder Impulse, die nicht die Schwere einer Zwangsstörung erreichen.
7. Bedürfnis zu frühzeitigem, detailliertem und unveränderbarem Vorausplanen aller Aktivitäten.

der Zwangskrankheit, sondern sind Beschlüsse von Experten auf der Grundlage bisher vorliegender empirischer Daten. Sie stellen gewissermaßen einen Kompromiß verschiedener Auffassungen dar und sind folglich nur ein Ausschnitt aus dem aktuellen Kenntnisstand über die Zwangskrankheit.

Zwangskrankheit in Verbindung mit anderen psychiatrischen Erkrankungen

Sind die in *Tabelle 1* genannten Bedingungen erfüllt, konstituieren die Zwangssymptome eine eigenständige Erkrankung, die als Zwangskrankheit bezeichnet wird. Mitunter fällt es jedoch schwer, Zwangskrankheiten von anderen Krankheiten zu unterscheiden. Zwänge können nämlich auch – gleichsam als Begleitphänomen – bei anderen psychiatrischen Erkrankungen vorkommen, ohne daß es sich gleich um eine echte Zwangskrankheit handelt.

Ein engerer Zusammenhang besteht offenbar zwischen Zwang und *Depression*, da etwa ein Drittel aller Zwangspatienten zusätzlich an einer klinisch bedeutsamen Depression leidet. Dabei tritt in der Regel die Depression später im Leben auf als die Zwangserkrankung. Dies läßt den Schluß zu, daß nach einer gewissen Dauer der Zwangskrankheit das Leiden mit den damit verbundenen Problemen schließlich zur Depression führt. Aber auch im Rahmen einer primär aufgetretenen Depression können Zwangssymptome so stark dominieren, daß hierfür der Begriff der „anankastischen Depression" geprägt wurde. Deshalb kann die Unterscheidung von Zwangskrankheit und Depression mitunter sehr schwierig sein.

Das gilt auch für die Unterscheidung zwischen Zwangserkrankung und *Angsterkrankungen*. Der enge Zusammenhang von Angst und Zwang wird schon dadurch belegt, daß die Zwangskrankheit sehr lange als eine Unterform der verschiedenen Angsterkrankungen wie beispielsweise die Phobien gegolten hat. Diese Klassifikation ist inzwischen überholt – die Zwangskrankheit ist jetzt als eigene Krankheit aus dem Komplex der Angsterkrankungen herausgelöst worden. An der Diskussion unter den Experten wird erkennbar, daß die Klassifizierung der Zwangserkrankung als Angsterkrankung nicht unumstritten war. Einig ist man sich jedoch darin, daß Ängste auch bei Zwangskranken eine bedeutende Rolle spielen. Allerdings sehen Zwangskranke ihre Befürchtungen in der Regel als unsinnig an, während sie beispielsweise bei der *generalisierten Angststörung* als bedrückend real empfunden werden. Mehr als die Hälfte der Zwangskranken leidet zusätzlich an *Panikattacken*. Die Panikattacken, die im Rahmen einer Zwangserkrankung auftreten, sind meist eng mit Zwangsbefürchtungen verbunden, beispielsweise mit der Angst, einen schmutzigen Gegenstand zu berühren. Wenn *hypochondrische Ängste* im Rahmen der Zwangskrankheit auftreten, kommen sie häufig mit Kontrollzwängen vor. Die hypochondrischen Befürchtungen des Zwangskranken betreffen in der Regel nicht die eigene Gesundheit. Sie beziehen sich meist darauf, daß andere seinetwegen erkranken könnten oder ihnen ein Unglück zustoßen könnte. Das gilt auch für *Phobien*, die im Zusammenhang mit einer Zwangserkrankung auftreten. Insgesamt gilt jedoch, daß im Einzelfall nicht immer leicht zu entscheiden ist, ob es sich genuin um eine der genannten Angsterkrankungen mit Zwängen als Begleitphänomen oder um eine echte Zwangskrankheit mit begleitenden Ängsten handelt. Unter Umständen stellt sich erst im Verlauf einer Erkrankung heraus, welcher Kategorie sie tatsächlich zuzuordnen ist.

Wenn Zwangsbefürchtungen so stark werden, daß sie wahnhaften Charakter annehmen, kann es sich auch um eine Wahnkrankheit, etwa eine schizophrene Psychose handeln. Manche Zwangspatienten weisen eine Reihe von Merkmalen auf, die zwar nicht die Diagnose einer Schizophrenie, aber die der *schizotypischen Persönlichkeitsstörung* treffen. Dazu gehören soziale Isolation, prinzipielles Mißtrauen anderen Menschen gegenüber oder der Irrglaube, daß vielfältige Vorgänge in der Umgebung sich auf sie beziehen (Beziehungsdenken). Das gleichzeitige Vorliegen einer schizotypischen Persönlichkeitsstörung gilt als schlechter Prognosefaktor, wenn es darum geht, den Erfolg der Behandlung einer Zwangskrankheit einzuschätzen.

Auch *Depersonalisationsphänomene* treten bei Zwangskranken auf. Dabei handelt es sich um das Empfinden, vom eigenen Körper oder von den eigenen psychischen Vorgängen losgelöst zu sein, sich wie ein Roboter oder wie im Traum zu fühlen. Derartige Depersonalisationsphänomene können ebenfalls im Rahmen schizophrener Erkrankungen, aber auch als eigene Depersonalisationsstörung auftreten.

2. Häufigkeit und Verlauf der Zwangskrankheit

Zwangskrankheiten wurden noch vor zehn Jahren als eine vergleichsweise seltene Erkrankung angesehen. Neuere Untersuchungen haben indessen ergeben, daß ca. 1–2 Prozent der Gesamtbevölkerung davon betroffen sind – das sind in Deutschland etwa eine Million Menschen. Die Fehleinschätzung in der Vergangenheit beruht zum einen darauf, daß bei statistischen Erhebungen Zwangsphänomene allenfalls im Zusammenhang mit anderen psychiatrischen Erkrankungen erfaßt wurden, nicht jedoch als eigenständiges Krankheitsbild. Zudem kommen die wenigsten Zwangspatienten in eine stationäre Behandlung, weshalb Erhebungen in Kliniken ebenfalls keine Einschätzung über die Häufigkeit in der Gesamtbevölkerung erlaubten. Ein wichtiger Grund für die Unterschätzung der Häufigkeit des Krankheitsbildes wird schließlich auch darin gesehen, daß die Patienten ihr Leiden nur selten offenbaren. Die Zwangskrankheit gilt als „heimliche Krankheit". Die Betroffenen bringen nicht selten die doppelte Energie auf, um einerseits den Anforderungen ihres Zwanges zu genügen und andererseits vor anderen – in Beruf, Familie und in anderen sozialen Rollen – ein normales Leben zu führen. Es vergehen im Durchschnitt sieben Jahre nach Auftreten der ersten Krankheitszeichen, bis Zwangspatienten um therapeutische Hilfe nachsuchen, und etwa 10 Jahre, bis eine stationäre Behandlung erfolgt. Dies ist auch heute leider immer noch dadurch mitbedingt, daß die Betroffenen – in

Unkenntnis der neueren Therapieverfahren – sich von einer Behandlung keinerlei Erfolg versprechen. Allenfalls wegen anderer Begleiterkrankungen, die im Zusammenhang mit einer Zwangserkrankung auftreten können, wie Depressionen oder Ängsten sucht der Patient einen Therapeuten auf. Deshalb sollte gerade in der psychiatrischen Praxis den Zwangsphänomenen mehr Aufmerksamkeit gewidmet werden. Neuere Daten aus den USA lassen vermuten, daß immerhin zehn Prozent aller Patienten, die sich in ambulante psychiatrische Behandlung begeben, unter Zwangsphänomenen leiden.

Zwangskrankheiten sind bei Männern und Frauen etwa gleich häufig vertreten. Männer erkranken häufiger an Kontrollzwängen, Frauen bevorzugt an Waschzwängen. Männer erkranken im Durchschnitt etwa fünf Jahre früher als Frauen, wobei Kontrollzwänge schon in der Pubertät auftreten können. Der Verlauf ist zunächst schleichend und steigert sich meist erst im Erwachsenenalter bis zu einem behandlungsbedürftigen Ausmaß. Waschzwänge beginnen dagegen meist abrupt. In der Regel können die Patientinnen genau angeben, an welchem Tag, unter welchen Umständen es dazu gekommen ist. Der Erkrankungsbeginn liegt hier im frühen Erwachsenenalter. Insgesamt liegt der Beginn bei zwei Dritteln aller Zwangserkrankungen vor dem 25. Lebensjahr. Nur fünf Prozent erkranken nach dem 40. Lebensjahr.

Der Verlauf von Zwangskrankheiten ist in den meisten Fällen chronisch (85 Prozent), wobei die Erkrankung phasenweise auch in den Hintergrund treten kann und der Patient weitgehend beschwerdefrei ist. Etwa ein Zehntel der Patienten muß mit einer stetigen Verschlechterung der Zwangskrankheit rechnen. Nur im Ausnahmefall ist der Krankheitsverlauf durch lediglich selten auftretende symptomatische Episoden gekennzeichnet. Allerdings stößt der Versuch, den Verlauf von Zwangskrankheiten exakt zu beschreiben, auf Grenzen. Zum einen neigen die Patienten dazu – wie bereits erwähnt –, ihre Krankheit zu verbergen. Der Verlauf dieser verheimlichten Zwangserkrankungen, bei denen es sich um die weniger gravierenden Formen handelt, wird in den Verlaufsuntersuchungen nicht miterfaßt. Zum anderen sind erst in den vergangenen Jahren wirklich erfolgversprechene Therapieverfahren entwickelt worden. Wie günstig sich diese Behandlungen auf den späteren Verlauf der Erkrankung auswirken, läßt sich noch nicht endgültig beurteilen.

Zwangskrankheiten treten familiär gehäuft auf. Deshalb geht man davon aus, daß eine genetische Disposition zur Zwangserkrankung besteht. Wie hoch aber das Erkrankungsrisiko bei familiärer Belastung ist, kann derzeit noch nicht eindeutig beantwortet werden. Für Kinder zwangskranker Eltern schwanken die Angaben zwischen 5 und 25 Prozent. Diese Unsicherheit ist unter anderem darauf zurückzuführen, daß bei den entsprechenden Untersuchungen zum Teil auch die zwanghafte Persönlichkeit als familiärer Belastungsfaktor angesehen wird. Aus diesem Grund kann das Ausmaß der genetisch bedingten Verursachung noch nicht exakt angegeben werden. Unklar ist ebenfalls, inwieweit bestimmte Lebensumstände (Life-Events) dazu beitragen, daß die Krankheit zum Ausbruch kommt. Als kritisch werden dabei insbesondere Situationen gewertet, die ein erhöhtes Maß an Veränderungen im Leben mit sich bringen, beispielsweise Veränderungen in Schule oder Beruf, Heirat, Geburt eines Kindes oder Tod eines nahen Angehörigen.

3. Zwangskrankheiten im Kindesalter

An Zwänge erinnernde Verhaltensweisen sind bei Kindern nicht selten und durchaus normal. Verbreitet sind das Abzählen von Treppenstufen, Pflastersteinen und Haustüren, das Vermeiden oder Überspringen von Fugen auf Mauern und Wegen, Schüttelreime, ständiges Wiederholen bestimmter Melodien und andere ritualisierte Verhaltensweisen. Derartige, nicht selten in Spiele integrierte Handlungen sind nicht als krankhaft anzusehen. Wie man inzwischen weiß, sind sie für die Entwicklung einer Zwangserkrankung im Erwachsenenalter nicht prognostisch bedeutsam.

Es gibt allerdings auch im Kindesalter echte Zwänge. Jungen erkranken häufiger vor dem Alter von sieben Jahren, bei Mädchen liegt der Erkrankungsgipfel in der Pubertät. Ein früher Krankheitsbeginn ist um so wahrscheinlicher, je mehr Familienmitglieder und Verwandte ebenfall zwangskrank sind. Für das Weiterbestehen der Zwangsproblematik im Erwachsenenalter gilt ein früher Krankheitsbeginn in der Kindheit als ein ungünstiges Zeichen.

Waschzwänge und Kontrollzwänge dominieren auch bei Kindern. Meist leiden sie sowohl unter Zwangshandlungen als auch unter Zwangsgedanken. Die Inhalte unterscheiden sich nicht wesentlich von denen der Erwachsenen. Auch bei Kindern können die Zwangsrituale sich steigern und im Laufe der Jahre alltägliche Verrichtungen schließlich ganz beherrschen. So wird von einem fünfjährigen Mädchen berichtet, das beim Durchgehen durch das Gartentor immer viermal rückwärts und vorwärts ging. Im Alter von neun Jahren konnte sie überhaupt nicht mehr durch Türen gehen, ohne den Vorgang bis zu 500 mal wiederholen zu müssen.

Auch Kinder neigen dazu, ihre Zwangssymptomatik zu verheimlichen. Sie können hierbei die Zwangshandlungen offenbar bis zu einem gewissen Grad willentlich steuern. Das führt nicht selten zu Mißverständnissen und fordert zusätzliche Vorwürfe durch die Eltern heraus. Diese sind zum Teil verärgert darüber, daß die Kinder in der Schule, vor Freunden und Fremden ihre Handlungen völlig unterdrücken können, zu Hause dem Zwang aber nachgeben. Die Kinder berichten, daß sie das Unterdrücken nur mit großer Anstrengung schaffen und zu Hause (oder dort, wo sich sich am wenigsten von einer negativen Bewertung gefährdet sehen) der Drang unbezwingbar stark wird. Dies ist auch von Kindern bekannt, die am Gilles de la Tourette-Syndrom (siehe Kapitel III. 2) oder an anderen Formen von sogenannten Tics leiden. Eltern sollten sich klarmachen, daß das Kind zu Hause die Kraft, seine Zwangshandlungen zu unterdrücken, nicht mehr aufbringen kann, wenn es im übrigen sozialen Umfeld darum bemüht ist, sich möglichst normal zu verhalten. Was für die Kinder hilfreich ist, sind weniger Appelle, sich endlich zusammenzunehmen, als vielmehr sinnvolle Beschäftigung, klare Strukturierung des Tagesablaufes sowie körperliche Aktivität. Streß jedweder Art verschlimmert die Symptome.

Für Art und Anzahl anderer psychiatrischer Begleiterkrankungen bei zwangskranken Kindern gilt im wesentlichen das für die Erwachsenen Gesagte. Allerdings tritt bei Kindern eine Zwangserkrankung eher selten als einzige Erkrankung auf. Mehr als zwei Drittel leiden zusätzlich an einer anderen Störung, meist einer Depression oder Angsterkrankung. Häufig werden diese Störungen vor der Zwangserkrankung manifest.

4. Zwangskrankheiten bei Schwangerschaft und Geburt

Bislang ist nicht eindeutig geklärt, wie Schwangerschaft und Geburt eine Zwangskrankheit beeinflussen können. Die wenigen Untersuchungen zu dieser Frage lassen vermuten, daß die Zwangskrankheit dadurch zum Ausbruch kommen oder verschlimmert werden kann. Schwangerschaft und Geburt sind Phasen mit erhöhtem biologischen und psychosozialen Streß. In der Regel werden Ängste, das Kind oder Ungeborene in irgendeiner Form zu schädigen oder zu verletzen, zum zentralen Thema der Zwangsvorstellungen oder -handlungen. Die Sauberkeit, die von jungen Müttern im Umgang mit Neugeborenen eingefordert wird, kann solche Ängste zusätzlich fördern. Reinigungsrituale werden dann nicht nur zum Schutz der Zwangskranken selbst, sondern vor allem im Hinblick auf das Kind durchgeführt. Das reicht vom stundenlangen Sterilisieren der Fläschchen bis zum Verbot für den Vater oder andere nahe Angehörige, das Kind zu berühren.

Aber auch schon während der Schwangerschaft können Angst vor Schmutz, Ansteckung, Chemikalien oder radioaktiver Strahlung als potentielle Schädigungsmöglichkeiten für das Ungeborene die Zwangssymptomatik bestimmen. Es wird auch berichtet, daß bei unerfülltem Kinderwunsch die Schuldzuweisungen an die Umgebung zwanghafte Formen annehmen können. Die Sorge um das hilflose Kind kann geprägt sein von Ängsten, es zu verletzen. Eine junge Mutter berichtet, daß schon Wörter von gefährlichen Gegenständen diese Ängste auslösen konnten. Sie hatte zudem zwanghafte Vorstellungen von toten Kindern, die vom Himmel fallen.

Die Schwangere oder junge Mutter wird insbesondere dadurch stark belastet, daß sie – im Unterschied zu anderen Zwangspatienten – keine Möglichkeit hat, die angstauslösenden Situationen zu vermeiden. Sie muß sich in aller Regel weiter um ihr Kind kümmern. Das ruft unter Umständen sogar eine Verschlimmerung der Erkrankung hervor. Das ist deshalb interessant, weil theoretisch eigentlich zu erwarten wäre, daß sich dadurch, daß die Mutter dem Angstreiz ständig ausgesetzt ist, durch Gewöhnung eine Besserung einstellt (vgl. hierzu die Postulate der Verhaltenstherapie, Kapitel V. 1).

Da Zwangskrankheiten bevorzugt im jungen Erwachsenenalter erstmalig auftreten und dies auch in der Regel der Zeitpunkt der ersten Schwangerschaft ist, kann nicht mit Sicherheit entschieden werden, ob diese Phasen im Leben einer jungen Frau ganz spezifisch die Krankheit auslösen oder nur ein Streßfaktor unter anderen sind. Eine einheitliche Theorie zu diesem Problemkreis existiert bislang nicht.

III. Störungen aus dem Formenkreis
der Zwangserkrankungen
(obsessive-compulsive-spectrum disorders)

In jüngster Zeit wird insbesondere im anglo-amerikanischen
Schrifttum diskutiert, ob nicht eine Reihe von Erkrankungen,
die bislang anderen Krankheitskategorien zugeordnet wurden,
doch eher zu den Zwangskrankheiten zu zählen sind. Diese
Gruppe von Erkrankungen wird als *„obsessive-compulsive
spectrum disorders"* bezeichnet, also Erkrankungen, die im weiteren Sinne zwangsähnliche Phänomene aufweisen. Die Ähnlichkeit betrifft nicht allein die Symptomatik und den Verlauf
der Erkrankung. Für eine Verwandtschaft dieser Störungen
mit der Zwangskrankheit spricht überdies, daß sie sich auch
mit denselben Therapiestrategien, die bei der Zwangskrankheit erfolgreich eingesetzt werden, behandeln lassen. Einige
wichtige dieser obsessive-compulsive spectrum disorders sollen hier deshalb Erwähnung finden, weil sie bislang als selten
galten, so daß Betroffene und Angehörige sich kaum infor-
mieren konnten. Überdies können daran in den folgenden
Kapiteln des Buches wichtige Aspekte zum Verständnis der
neurobiologischen Grundlagen der Zwangserkrankung verdeutlicht werden. Insofern werden vornehmlich jene Aspekte
Erwähnung finden, die die Ähnlichkeit zur Zwangskrankheit
besonders verständlich machen können. Eine umfassende Beschreibung der Krankheitsbilder ist in diesem Zusammenhang
nicht möglich gewesen. *Tabelle 3* gibt einen Überblick über
diejenigen Erkrankungen, die inzwischen zu den zwangsähnlichen *spectrum disorders* gezählt werden. Hierbei ist zu berücksichtigen, daß verschiedene solcher Einteilungen existieren.
Hier wurde eine möglichst umfassende Liste gewählt.

1. Störungen der Impulskontrolle

Hierunter wird eine Reihe von Erkrankungen zusammenge-
faßt, die dadurch gekennzeichnet sind, daß der Patient unfähig

Tabelle 3: Störungen, die zum weiteren Umkreis der Zwangskrankheiten zählen *(spectrum disorders)*

1. Impulskontrollstörungen
   - Spielsucht
   - Trichotillomanie
   - Kleptomanie
   - Kaufsucht
   - Selbstverstümmelungstendenzen
   - Sexuelle Zwänge
   - und im weiteren Sinne Impulsive Persönlichkeitsstörungen wie Borderline und Antisoziale Persönlichkeitsstörung
2. Tics und Gilles de la Tourette-Syndrom
3. Eßstörungen
   - Anorexia nervosa
   - Bulimieähnliche Eßstörung (binge eating)
4. Störungen aus dem schizophrenen und depressiven Formenkreis
   - Schizophrenie mit Zwangsstörung
   - Schizotypische Persönlichkeitsstörung
   - Anankastische Depression
5. Somatoforme Störungen
   - Hypochondrie
   - Nicht wahnhafte Dysmorphophobie
6. Dissoziative Störungen
   - Depersonalisationsstörung

ist, plötzlichen Impulsen, sei es zu stehlen, sich selbst zu verstümmeln oder sich Glücksspielen hinzugeben, zu widerstehen. Mit Zwangskranken haben diese Patienten gemeinsam, daß sie unfähig sind, die sich ständig aufdrängenden stereotypen Rituale zu unterdrücken. Der Impuls ist dabei so stark, daß das Verhalten ganz spontan, ohne jegliche Vorüberlegung oder Planung der Handlung erfolgt. Bei der Zwangserkrankung hingegen versucht der Patient, sich der Zwangshandlung zu widersetzen, was letztlich jedoch wegen der immer stärker werdenden Ängste nicht gelingt. Ein weiterer Unterschied ist in der Motivation begründet. Während der Zwangskranke sein Unbehagen zu vermindern sucht, erreichen Patienten mit Störungen der Impulskontrolle dadurch, daß sie ihren Impulsen nachgeben, in der Regel eine Art Glücksgefühl oder

Lustgewinn, zumindest aber eine gewisse Befriedigung. Außerdem kann durch die Charakterisierung des Risikoverhaltens zwischen Zwang und Impulskontrollverlust unterschieden werden. Während Zwangskranke dazu neigen, alle denkbaren Risiken auszuschließen und zu vermeiden (*risk avoiding*), bringen sich Patienten, die nicht fähig sind, ihre Impulse zu kontrollieren, besonders häufig in risikoreiche Situationen (*risk seeking*). Im Einzelfall ist eine Unterscheidung zwischen einer Störung der Impulskontrolle und einer Zwangssymptomatik jedoch nicht immer möglich. Manche Wissenschaftler vertreten das Konzept, daß es sich um ein Spektrum von Erkrankungen handelt. Innerhalb dieses Spektrums ist das eine Extrem der Verlust der Impulskontrolle mit spontanem, unüberlegtem Handeln. Am anderen Ende dieser Skala steht die klassische Zwangshandlung, bei der der Patient dem Ritual Widerstand entgegensetzt und die Handlung schließlich wohlüberlegt in Gang setzt. Dazwischen gibt es eine ganze Reihe von Erkrankungen, die gleichsam Übergänge darstellen, da sie – jeweils mehr oder minder stark ausgeprägt – Kennzeichen von beiden Extremen aufweisen. Das bedeutet also, daß man auch bei Zwangskranken Merkmale des Kontrollverlustes findet, ebenso wie Kennzeichen der Zwangskrankheit bei Kontrollverluststörungen vorkommen können.

Zwar lassen sich nicht alle zwangsähnlichen Erkrankungen (spectrum disorders) zweifelsfrei innerhalb dieses Spektrums von reiner Impulskontrollverluststörung und reiner Zwangssymptomatik einordnen. Aber gerade Impulskontrollstörungen und Zwangskrankheiten sind ein gutes Beispiel dafür, wie plötzlich ähnliche Phänomene bei vormals streng voneinander unterschiedenen Krankheitskategorien entdeckt werden. Interessanterweise können diese Beobachtungen, die zunächst rein phänomenologisch waren, also aus der bloßen Beobachtung des Krankheitszustandes gewonnen wurden, zunehmend durch neurobiologische Erkenntnisse gestützt und erklärt werden (siehe Kapitel IV. 1). Klinische Daten und neurobiologische Befunde bestätigen damit wechselseitig, daß es hier gewisse

Gemeinsamkeiten geben könnte. Es ist nicht zuletzt deshalb von Bedeutung, sich mit diesen über die reine Zwangskrankheit hinausgehenden Störungen zu beschäftigen, weil sich hierin ein wichtiger Umbruch hinsichtlich einer neuen Klassifizierung verschiedener psychiatrischer Krankheiten abspielt. Von den Anregungen, die mit solchen Neukategorisierungen und den damit verbundenen Erkenntnissen verbunden sind, erhofft man sich schließlich weitere Fortschritte für das Verständnis der Zwangskrankheit.

Trichotillomanie

Die Trichotillomanie ist gekennzeichnet durch den unwiderstehlichen Impuls, sich wiederholt die Haare ausreißen zu müssen. Meist sind es die Kopfhaare, manche reißen auch ihre Augenbrauen, Wimpern, Barthaare, Axelhaare oder Schamhaare aus. Einige Patienten dehnen das Verhalten auf ihre Kinder oder Lebenspartner aus. Der Haarverlust kann auf einzelne kahle Stellen begrenzt sein, kann aber auch die gesamte Kopfhaut erfassen und die Kranken extrem entstellen.

Die Krankheit beginnt ungefähr um die Zeit der Pubertät. Bei kleineren Kindern wird das Ausreißen von Haaren als vorübergehend und noch nicht krankhaft angesehen. Die Krankheit verläuft chronisch, teilweise mit Phasen verminderter Symptomatik, und kann ohne Therapie über Jahrzehnte anhalten. Betroffen sind in aller Regel Frauen. Obwohl die Trichotillomanie als eine sehr seltene Krankheit angesehen wurde, geht man inwischen davon aus, daß – wie bei der Zwangskrankheit auch – die Häufigkeit unterschätzt wird, weil die Kranken ihre Probleme geheimhalten bzw. die Erkrankung vorwiegend von Hautärzten behandelt wird, ohne daß die dahinterstehende Problematik erkannt würde.

Während Zwangskranke ihren Impulsen widerstehen können, müssen Trichotillomaniepatienten dem Verlangen, die Haare auszureißen, nachgeben. Ein Teil der Patienten berichtet, daß sich dann eine gewisse Befriedigung einstellt. Insofern sind die beiden Krankheiten also voneinander verschieden.

Die Ähnlichkeit zur Zwangskrankheit zeigt sich indessen darin, daß auch die Trichotillomanie durch stereotyp wiederholte Handlungen charakterisiert ist. Das Haareausreißen kann regelrecht als Ritual praktiziert werden. Die Patienten suchen nach ganz bestimmten Haaren, reißen sie auf sonderbare Art und Weise aus oder wollen damit eine ganz bestimmte Symmetrie der Haartracht erreichen. Zusätzlich werden die Haare geleckt, gekaut oder geschluckt. Ein Teil der Trichotillomaniepatienten empfindet sein Verhalten wie die Zwangskranken auch als ich-fremd oder ich-dyston (s.o. S. 21) und fühlt keinerlei Erleichterung, nachdem ein unter Umständen stundenlanger Anfall vorüber ist. Allerdings treten so gut wie nie Wasch- oder Kontrollrituale auf.

Für die Nähe zur Zwangskrankheit würde auch die Tatsache sprechen, daß sich die Trichotillomanie auf Medikamente, die sich auch bei der Zwangskrankheit als nützlich erwiesen haben (siehe Kapitel V), bessert. Allerdings hält dieser günstige Effekt – dem derzeitigen Kenntnisstand zufolge – nicht so lange an wie bei Therapie der Zwangskrankheit. Auch neurobiologische Erklärungsmodelle lassen einen Zusammenhang mit der Zwangskrankheit vermuten.

Kleptomanie

Kleptomanie bezeichnet das unwiderstehliche Verlangen, Dinge, die für den Kleptomanen an sich nutzlos und wertlos sind, zu stehlen. Die gestohlenen Gegenstände werden entweder gehortet, zerstört oder verschenkt, gelegentlich auch an den Eigentümer zurückgegeben oder zu wohltätigen Zwecken gespendet. Die Patienten halten ihr Tun für falsch, viele entwickeln auch Schuldgefühle, aber dem Drang zu stehlen können sie nicht widerstehen. Das unvermittelte Auftreten des Dranges, stehlen zu müssen, und ein Gefühl von Euphorie und Sensation beim Ausführen der Tat, das manche der Patienten berichten, spricht eher für eine Impulskontrollstörung. Andererseits weist auch diese Erkrankung Ähnlichkeit mit den Zwangsstörungen auf. Eine genaue Differenzierung der Patientenberichte zeigt

nämlich, daß mitunter das Stehlen nicht einer abrupten Einge-
bung folgt, sondern bewußt unternommen wird, um Ängste
oder Unbehagen zu reduzieren. Ähnlich wie manche Zwangskranke fühlen auch Kleptomanen, daß der Angstpegel immer
weiter ansteigt, wenn sie versuchen, der Handlung, zu der sie
sich gedrängt fühlen, zu widerstehen. Auch die Lustgefühle
bei der Ausführung treten längst nicht immer und längst nicht
bei allen Patienten auf. Schamgefühle und die Einsicht in die
Unsinnigkeit ihres Tuns zeigen, daß die Patienten ihr Verhalten als ich-fremd empfinden. Und ebenso wie Zwangshandlungen fügt sich auch das Stehlen gewissen Regeln und nimmt
damit ritualisierten Charakter an. So stehlen manche Patienten nur am Arbeitsplatz oder nur in ganz bestimmten Geschäf-
ten, beispielsweise nur im Supermarkt, oder nur bestimmte
Gegenstände, beispielsweise nur Kleider.

Über die Häufigkeit der Kleptomanie ist wenig bekannt.
Frauen sind eher betroffen als Männer. Die Störung kann
chronisch verlaufen und viele Jahre andauern oder aber als
vorübergehende Episode auftreten.

Eine effektive Therapie gibt es bislang nicht. Da Klepto-
maniepatienten häufig zusätzlich an Depressionen leiden, erfolgt die Therapie mit Antidepressiva, wobei jedoch nur in
Einzelfällen ein Erfolg zu sehen war.

Spielsucht

Spielsucht ist inzwischen in den USA zu einem nicht zu unter-
schätzenden Gesundheitsproblem geworden. Während früher
meist nur ein – zum Teil illegaler – Markt für spielsüchtige
Männer bestand, bieten jetzt legale Spielcenter und vor allem
das interaktive Spielen mit Computern ein außerordentlich
großes und stetig wachsendes Angebot für potentiell gefährde-
te Patienten. So steigt auch der Anteil der Frauen und Jugend-
lichen unter den Spielsüchtigen ständig.

Der deutsche Begriff der Spiel„sucht" verweist zwar auf
den Suchtcharakter der Erkrankung. Dennoch wird sie nicht
zu den Suchterkrankungen gezählt. Der amerikanische Aus-

druck „*pathologic gambling*" ist neutraler und läßt die Einordnung offen. Tatsächlich ist die Zuordnung schwierig.

Wie bei der Zwangskrankheit fühlt der Kranke Angst- und Spannungszustände, bevor er sich dem Spiel hingibt. Für die Einordnung unter die Impulskontrollstörungen spricht indessen, daß das Spielen selbst mit Befriedigung und Vergnügen verbunden ist. Die enormen finanziellen Verluste der Patienten treiben sie immer weiter in einen Teufelskreis von sozialem Abstieg und familiären Problemen. Das Beschaffen von Geld dient schließlich auch zur Erklärung und Entschuldigung des Spielverhaltens gegenüber sich und anderen. Wenn ein Spielsüchtiger endlich eine Therapie aufsucht, hat er durchschnittlich etwa 70 000 bis 140 000 Mark Schulden.

Die Wirksamkeit einer Behandlung mit selektiven Serotonin-Wiederaufnahmehemmern ist bislang noch nicht systematisch untersucht worden. Andere Versuche mit einer Psychopharmakotherapie sind gescheitert. Psychotherapeutische Behandlungsansätze – hier ist vor allem die kognitive Verhaltenstherapie zu nennen – orientieren sich auch an den häufig zusätzlich vorliegenden Persönlichkeitsstörungen der Patienten. Einen Ausweg bieten für manche Patienten Selbsthilfegruppen sowie Programme, die insbesondere Familienmitglieder und andere Betroffene miteinbeziehen und sich um eine sinnvolle Umschuldung bemühen. In den Vereinigten Staaten organisieren sich immer mehr Gruppen der Anonymen Spieler (Gamblers Anonymous), die sich an den Grundsätzen der Anonymen Alkoholiker orientieren.

Alkoholismus

Der Alkoholismus gilt schon längst nicht mehr als einheitliches Krankheitsbild. Bei einer distinkten Untergruppe von Alkoholikern lassen sich häufig auch Impulskontrollstörungen nachweisen. Diese Patienten werden einer erstmals von Cloninger vorgeschlagenen Einteilung zufolge als Typ 2-Alkoholiker klassifiziert. Bei ihnen ist die Alkoholerkrankung offenbar genetisch mitbedingt. Dabei handelt es sich um Männer, die meist schon als Jugendliche mit dem Trinken begonnen haben und durch antisoziales Verhalten auffällig werden. Die Väter waren in der Regel ebenfalls Alkoholiker und wiesen ähnliche antisoziale Persönlichkeitsmerkmale auf. Aus einer Reihe neurobiologischer und neuropharmakologischer Untersuchungen gibt es inzwischen zahlreiche Beobachtungen, die diesen Typ 2-Akoholismus im Zusammenhang mit Erkrankungen sehen, die sich durch aggressives Verhalten nach außen – gegenüber Umwelt und Mitmenschen – oder innen (Suizidalität) auszeichnen. Offenbar liegt diesen Erkrankungen eine charakteristische Veränderung im Stoffwechsel des Nervenbotenstoffes Serotonin zugrunde. (Dieser Zusammenhang wird noch detaillierter im folgenden Kapitel erklärt werden.) Das Spektrum derartiger Verhaltensweisen reicht von impulsiv-aggressiven Handlungsweisen im Kindesalter über Lügen, Stehlen, Töten von Haustieren und Brandstiftung bei Heranwachsenden, um schließlich in eine antisoziale, nicht selten kriminelle Karriere, gepaart mit früher Alkoholabhängigkeit des jungen Erwachsenen, zu münden. Diese Verhaltensweisen verdeutlichen, daß der Verlust der Impulskontrolle ein wichtiges Merkmal zumindest eines Teils der Alkoholkranken ist.

Aber wie dies für die anderen Impulskontrollstörungen gilt, so sind unter den Alkoholkranken ebenfalls Verhaltensweisen zu beobachten, die zumindest teilweise auch als charakteristisch für Zwangshandlungen gelten können. Dazu zählt das sogenannte „craving". Dieser Ausdruck bezeichnet den Suchtdruck des Alkoholkranken, sein ständiges, heftiges Verlangen nach Alkohol. Es äußert sich darin, daß sich dem Alkoholkranken immer wieder Gedanken an den Alkohol aufdrängen, daß er den zwanghaften Drang verspürt zu trinken (was sich nicht allein mit Entzugserscheinungen erklären läßt), und daß er – wie auch der Zwangskranke – zumindest zeitweise versucht, sich diesem Zwang zu widersetzen beziehungsweise die Zwangsgedanken zu beenden. Die Ähnlichkeit ist offenbar so ausgeprägt, daß unlängst sogar ein Fragebogen, der eigentlich dazu dient, Zwangsverhalten zu beurteilen und quantitativ zu erfassen, auf Alkoholiker umgearbeitet wurde. Dieses ursprünglich als Diagnosehilfe zur Beurteilung von Zwangspatienten erarbeitete Instrument hat sich inzwischen auch bei der Erfassung des *craving* von Alkoholikern als verläßlich erwiesen. Das belegt, daß zumindest einige Verhaltensmuster (nicht unbedingt deren Inhalte) von Zwangskranken und Alkoholikern durchaus vergleichbar sind.

Störungen, die mit dem Verlust der Impulskontrolle einhergehen, und Zwangsphänomene sind offensichtlich – das belegen die hier aufgeführten Beispiele – nicht in jeder Hinsicht klar voneinander zu unterscheiden. So lassen sich nicht nur bei Patienten mit Störungen der Impulskontrolle Zwangsphänomene nachweisen. Umgekehrt gilt auch für Zwangspatienten, daß bei ihnen manchmal Zeichen erhöhter Impulsivität zu beobachten sind. Es gibt auch bei Zwangspatienten Handlungen, die ganz spontan, ohne Vorüberlegung ablaufen. Überdies steht auch längst nicht immer die Angst bei Zwangspatienten im Vordergrund. Das bedeutet, daß Zwangspatienten das Ritual nicht ausführen müssen, um Angst zu vermeiden, weil sie gar keine Angst empfinden. Die Handlung „fährt ihnen in die Glieder", ohne daß damit irgendeine Motivation verbunden wäre. Schließlich kennen auch einige Zwangspatienten das sonst bei Impulskontrollstörungen nachweisbare Phänomen, daß sich ein Gefühl der Befriedigung einstellt, wenn das Zwangsritual „richtig" abgelaufen ist. Manche Zwangspatienten können erst dann mit der Zwangshandlung aufhören, wenn sie das Gefühl haben, daß „alles stimmt". So wird von einer Patientin berichtet, die das Telephon mitunter mehr als fünfzigmal klingeln lassen mußte, bis sie das Klingeln als „richtig" empfand und endlich abheben konnte. Auch Patienten mit Wasch- und Kontrollzwängen haben mitunter das Gefühl, daß das Wasch- oder Kontrollritual „richtig" abgelaufen sein muß, bis sich ein Gefühl der Erleichterung einstellt.

2. Tics – Tourette-Syndrom

Zwangsstörungen haben nicht nur Gemeinsamkeiten mit anderen psychiatrischen Erkankungen, sie treten auch bei einer Reihe von neurologischen Leiden auf. Das gilt beispielsweise für Schädel-Hirn-Verletzungen, Gehirntumoren, Epilepsien oder den als Veitstanz bezeichneten, choreaartigen Bewegungsstörungen.

Ein besonders enger Zusammenhang besteht offensichtlich zwischen Zwangskrankheiten und den als *Tics* bezeichneten Störungen der motorischen Kontrolle. Unter einem Tic versteht man automatisch ablaufende, unkontrollierbare Bewegungen, die in Form von Muskelzuckungen oder als komplexere Bewegungseinheit auftreten. Meist werden sichtbare Ausdrucksbewegungen imitiert, beispielsweise Blinzeln, Zukkungen der Augenbrauen, Hin- und Herwerfen oder Rückwärtsschleudern des Kopfes. Lippenbeißen, Räuspern, mit der Zunge Schnalzen, Ausspucken oder Husten können ebenso dazu gehören wie unverständliche Lautbildungen, Rufe und Schreie.

Eine besonders komplexe Tic-Erkrankung stellt das *Tourette-Syndrom* dar. Diese erstmals 1885 von dem Franzosen Georges Gilles de la Tourette beschriebene Krankheitseinheit ist gekennzeichnet durch wiederholte, automatisch einsetzende, schnelle Bewegungen verschiedenster Muskelgruppen des gesamten Körpers. Manche Patienten vollführen innerhalb von Minuten äußerst komplexe Luftsprünge. Hinzu kommen verschiedene vokale Tics von Schnalzen bis Schreien, aber auch zwanghaftes Nachsprechen von Silben, Wörtern und Sätzen. Das wiederholte Aussprechen von Fäkalausdrücken (Koprolalie) kann ebenso dazu gehören wie das Hantieren mit Kot (Kopropraxie).

Das Tourette-Syndrom kann im Alter von einem bis 17 Jahren erstmals auftreten. Letztlich ist die Ursache nicht bekannt. Viele neurologische, neurophysiologische und neuropathologische Untersuchungen sprechen dafür, daß es sich um eine Störung im Bereich der Basalganglien handelt. Die Basalganglien bilden eine Gruppe von Nervenzellen im Gehirn, die im wesentlichen für die Kontrolle automatischer Bewegungsabläufe zuständig ist. Die Koordination von Bewegungen wie das Schalten beim Autofahren, das Öffnen und Schließen von Türen, Schwimmen und eine ganze Reihe anderer automatisch ablaufender Bewegungen wird, nachdem sie einmal eingeübt worden sind, der Steuerung durch die Basalganglien überlassen.

Immer häufiger gelingt der Nachweis, daß Zwangskranke überzufällig häufig auch an Tics oder Tourette-Syndromen leiden. Und umgekehrt leidet eine beträchtliche Anzahl von Tourette-Patienten zusätzlich an Zwangshandlungen und Zwangsvorstellungen. Offenbar gibt es auch Ähnlichkeiten bei den (bis jetzt nur vermuteten) biologischen Ursachen beider Erkrankungen. Durch genetische Untersuchungen konnte nämlich nachgewiesen werden, daß offenbar eine gemeinsame familiäre Belastung sowohl für die Zwangskrankheit als auch für das Tourette-Syndrom bzw. weniger komplexe Tics besteht.

Auch die Phänomenologie der Krankheitsbilder läßt bemerkenswerte Parallelen erkennen. Tourette-Patienten können – wie dies vor allem auch für die Zwangserkrankungen bei Kindern gilt – für Minuten bis Stunden den Drang, die Bewegung auszuführen, unterdrücken. Es gibt subjektive Berichte von Tourette-Kranken, die das konventionelle Verständnis von Tics als rein motorischen Automatismen erschüttern und sie damit den Zwangshandlungen ähnlicher machen. Diesen Berichten zufolge empfinden Patienten, die an Tics leiden, noch vor der unwillkürlich einschießenden Bewegung Spannungszustände, die als „psychisches Jucken", als eine Art dringendes Verlangen beschrieben werden, das in extremes Unbehagen übergeht, wenn dem Bewegungsablauf nicht nachgegeben wird. Es soll in diesem Zusammenhang daran erinnert werden, daß es umgekehrt Berichte von Zwangskranken gibt, daß sie die Handlungen unwillkürlich ausführen müssen, daß ihnen die Bewegung „in die Glieder fährt". Das macht sie wiederum den Tic-Störungen nicht unähnlich.

Bemerkenswert ist in diesem Zusammenhang, daß die Bewegungsabläufe von Zwangshandlungen letztlich sehr stereotyp sind und die Zahl möglicher Variationen sehr gering ist. Die Grundtypen zwanghafter Rituale sind überdies interkulturell ähnlich und haben sich im Verlauf der Geschichte nicht wesentlich verändert. Dies spricht eigentlich eher für ein fixiertes Schema, dem ein organisches Defizit bei der Kontrolle oder Ausführung bestimmter Bewegungsmuster – letztlich also eine biologische Ursache – zugrunde liegen könnte.

Lediglich die komplexen gedanklichen Vorgänge scheinen zunächst nicht in ein derart vereinfachtes Modell von Zwangshandlungen zu passen. Traditionell wurden die kognitiven Vorgänge, die die Zwangskrankheit begleiten, als Vorläufer der Handlung angesehen: Die Zwangshandlung war nach diesem Verständnis ein in Aktion umgesetzter Zwangsimpuls. Eine andere Interpretation sieht Zwangshandlungen jedoch als stereotype Bewegungsabläufe, die lediglich von – gedanklichen – Zwangsimpulsen *begleitet* sind. Die kognitiven Prozesse können nach dieser Auffassung sogar als ein Versuch gewertet werden, die an sich als unsinnig empfundene Zwangshandlung zu rationalisieren und damit erklärbar zu machen. Vielfach wiederholtes Waschen, Abschließen einer Tür oder Zudrehen eines Wasserhahnes können danach auch als Ticverhalten interpretiert werden. Tatsächlich sind derartige Handlungen auch nicht komplexer als manche Tics. Bei Tourette-Kranken wurden durchaus schon so komplizierte Bewegungsabläufe wie das Zurechtrücken des Gürtels oder Tanzbewegungen bis hin zu komplizierten Sprüngen beobachtet.

Einige Wissenschaftler gehen deshalb so weit zu vermuten, daß gewisse Begleitgedanken einer Zwangshandlung nur dem (wohl unbewußten) Wunsch des Patienten (oder seiner Umgebung) entspringen, sein unsinnig erscheinendes Handeln zu erklären. Der Kranke versucht so, verbal zu erklären, was ansonsten keinen Sinn ergibt. Derartige Hypothesen illustrieren eindrucksvoll, wie weit sich das Verständnis von der Zwangskrankheit als einer sogenannten Neurose, bedingt durch eine pathologische Kindheitsentwicklung, entfernt hat.*

Im Kapitel IV. soll deshalb versucht werden, die Spannbreite der derzeit existierenden verschiedenen Erklärungsmodelle für das Entstehen einer Zwangskrankheit näher zu erläutern.

3. Eßstörungen

Bei den meisten Eßstörungen kreisen die Gedanken zwanghaft um die Nahrungsaufnahme und den eigenen Körper. Patienten mit *Anorexia nervosa* leiden nicht selten zusätzlich unter Zwangssymptomen, die primär nichts mit der Eßstörung zu tun haben. In der Regel sind das Wasch-, Kontroll- und Ordnungszwänge. Einige Autoren sehen deshalb die Anorexiepatienten als eine Untergruppe von Zwangspatienten an. Das gleichzeitige Vorliegen von Zwängen und Anorexie geht mit schwererem und chronischem Krankheitsverlauf einher.

Eine weitere Eßstörung, die Ähnlichkeiten mit Zwangsstörungen aufweist, ist die als sogenannte *binge-eating-disorder* bezeichnete Form einer unkontrollierten Eßsucht. Ähnlich wie bei der Bulimie können die Kranken bei einem Eßanfall nicht aufhören zu essen, bis sie ein Vielfaches einer normalen Mahlzeit verspeist haben. Anders als bei der Bulimie folgt einer derartigen Attacke jedoch nicht der Versuch, die Gewichtszunahme durch Erbrechen, Abführmittel oder exzessiven Sport zu verhindern. Die Eßattacken werden ebenfalls als Verlust der Impulskontrolle angesehen. Bisher ist diese Störung noch nicht offiziell als Krankheit klassifiziert worden. Über Häufigkeit und Verlauf der binge-eating-disorder ist insgesamt erst wenig bekannt. Vorläufige Untersuchungen lassen vermuten, daß verhaltenstherapeutische Maßnahmen und antidepressive Medikamente hilfreich sein könnten.

* Der Begriff „Neurose" ist hier nur als Hinweis auf das traditionelle tiefenpsychologische Modell verwendet. Es kann in diesem Zusammenhang nicht darauf eingegangen werden, wie problematisch der Begriff inzwischen geworden ist. Es soll daher der Hinweis genügen, daß er als Krankheitsbezeichnung von den offiziellen diagnostischen Klassifikationssystemen in der Psychiatrie abgeschafft worden ist.

IV. Krankheitsmodelle:
Was ist bei Zwangskranken geschädigt?

1. Theoretische Vorbemerkungen

Die Frage, warum jemand zwangskrank wird, welche *Ursachen der Zwangskrankheit* zugrunde liegen, ist eine grundsätzlich andere als die nach den krankhaften Mechanismen, den *gestörten biologischen oder psychischen Strukturen und Prozessen*, die bei Zwangskranken beobachtet werden können. Diese Unterscheidung ist nicht nur theoretisch von Bedeutung. Wer sinnvoll und konstruktiv mit den derzeit angebotenen Krankheitsmodellen zur Zwangskrankheit umgehen will, muß sich diesen Unterschied immer vor Augen führen. Nur dann lassen sich grundlegende Mißverständnisse vermeiden.

Im folgenden werden die bei Zwangskranken beobachtbaren Störungen aus unterschiedlichen Blickwinkeln beschrieben. Aus Sicht der neurobiologischen Forschung lassen sich Strukturen identifizieren, die bei Zwangskranken zerstört, verletzt oder in ihrer Funktion eingeschränkt sind. Die Verhaltenstheorie vermittelt ein Verständnis der fehlgeleiteten Lernprozesse und der gestörten kognitiven Fähigkeiten, wie sie bei Zwangskranken zu beobachten sind. Aber selbst wenn es gelingt, exakt zu beschreiben, was bei einem Zwangskranken pathologisch verändert ist, so ist damit noch nicht eine Antwort auf die Frage gefunden, warum es zu dieser krankhaften Veränderung gekommen ist.

So könnte beispielsweise ein Virus die Ursache der Zwangskrankheit sein. Es ist vorstellbar, daß es bestimmte Nervenstrukturen befällt und die daraus resultierenden Hirnschäden die Zwangssymptome hervorrufen. Ebenso könnte die Ursache in gestörten Immunprozessen liegen mit der Folge, daß Abwehrzellen so fehlgeleitet werden, daß sie körpereigenes Gehirngewebe angreifen. Gelänge es, diese Fragen zu beantworten, dann könnte die Entstehung einer Zwangskrankheit mit einer gegen das Virus oder gegen die fehlgeleiteten Abwehrzellen gerichteten Therapie verhindert werden.

Soweit ist die neurobiologische Forschung – trotz der großen Fortschritte, die bisher gelungen sind – jedoch noch nicht. Obwohl es beispielsweise Hinweise gibt, daß Vererbung, also eine genetische Veranlagung, bei der Entstehung der Zwangskrankheit eine Rolle spielt, ist man von dem exakten Verständnis der dabei ablaufenden molekulargenetischen Vorgänge noch weit entfernt. Zwar gibt es interessante Erkenntnisse darüber, welche biochemischen Funktionen und welche Strukturen des Gehirns bei der Zwanskrankheit gestört bzw. geschädigt sind. Aber auf die Frage, wodurch diese Schäden letztlich hervorgerufen werden, kann derzeit noch niemand eine Antwort geben.

Was kann es dann dem Leser nützen, sich mit diesen durchaus komplexen Zusammenhängen vertraut zu machen, wenn er doch keine Antwort darauf erhalten kann, warum eine Zwangskrankheit entsteht?

– Erstens ist eine differenzierte Auseinandersetzung mit den pathologischen Mechanismen, die bei einer Zwangskrankheit ablaufen, eine wichtige Grundlage für das *Verständnis der* derzeit angewendeten *Therapiestrategien*. Dabei kommt es vor allem darauf an, zu verstehen, daß eine sinnvolle Therapie nicht allein dann möglich ist, wenn man die Ursachen einer Erkrankung kennt. Eine guter Behandlungserfolg kann auch dadurch erreicht werden, daß die gestörten Funktionen „entstört" werden, daß die entgleisten Prozesse (seien sie nun biologischer oder psychischer Natur) wieder in geordnete Bahnen gelenkt werden. Es gibt in der Medizin vielfältige Beispiele dafür, wie sinnvoll eine Therapie sein kann, die das Funktionieren eines Systems oder eines Organs aufrechterhält, auch wenn damit keineswegs eine Beseitigung der Krankheitsursache verbunden ist. So erhält ein Herzschrittmacher die nicht mehr zu regulierende Funktion der Rhythmusbildung am Herzen aufrecht, Insulin wird verabreicht, um den Funktionsausfall der Bauchspeicheldrüse zu ersetzen, und ein mangelhaft funktionierendes Abwehrsystem bedarf der Unterstützung durch Antibiotika, um vielleicht eine lebensgefährliche Infektion abwehren zu können. Niemand hält derartige Therapien für minderwertig, nur weil s e nicht die Ursache der Krankheiten bekämpfen. Leider ist es vor allem im Zusammenhang mit psychiatrischen Erkrankungen ein weitverbreitetes Mißverständnis, daß eine Behandlung nur dann sinnvoll sei, wenn sie die Ursachen einer Störung beseitigen könne.

– Zweitens findet zur Zeit ein Umbruch statt, was die Klassifizierung psychiatrischer Erkrankungen betrifft. Eine *funktionale Betrachtung*, die die Krankheiten nicht mehr nach Ursachen einteilt, sondern die sich an der Phänomenologie einer Erkrankung orientiert, hat die alten Klassifikationssysteme abgelöst. Dies wurde nötig, weil die neu gewonnenen Erkenntnisse der Psychiatrieforschung mit den alten Kategorien nicht mehr kompatibel waren. Insofern ist eine *dysfunktionale Betrachtungsweise*, also das Verständnis der bei der Zwangskrankheit gestörten Funktionen, zugleich Voraussetzung dafür, die mit diesen neuen Denkansätzen gewonnenen Erkenntnisse begreifen und richtig einordnen zu können.

– Drittens wird es möglich, den *Vorwurf des Reduktionismus* einer solchen Betrachtungsweise *als Mißverständis zu erkennen*. Nicht selten stößt man nämlich auf ein Argument wie das, daß solch komplexe Vorgänge wie Zwänge (oder andere psychiatrische Symptome) doch nicht auf gestörte biochemische Prozesse reduziert und dadurch „erklärt" werden könnten. Ein solches Verständnis verkennt das Anliegen moderner Forschungansätze in der Psychiatrie. Es geht um das zunächst eher bescheidene Anliegen, die krankhaften Prozesse nur möglichst exakt zu beschreiben. Erklären kann man damit eine Krankheit zwar noch nicht. Es ist aber nötig, diesen Weg zu gehen, um auf der Basis solcher Erkenntnisse den Ursachen einer Erkrankung überhaupt auf die Spur zu kommen.

– Viertens kann es schließlich für den Patienten von entscheidender Bedeutung sein, als was er selbst seine Krankheit begreift. Der Versuch, die *Zwangskrankheit* letztlich als *organische Erkrankung* zu verstehen, beinhaltet nicht allein, daß man die biologischen Mechanismen aufklären will, die diese Erkrankung hervorrufen. Darin drückt sich auch die Haltung aus, daß beim Zwangskranken ein bestimmtes neuronales System erkrankt ist so wie beim Herzkranken bestimmte Strukturen des Herzmuskels. Diese Sicht will nicht verkennen, daß eine derartige Erkrankung den Menschen als Ganzes betreffen und betroffen machen kann. Sie geht aber davon aus, daß es neben den erkrankten Strukturen auch ganz gesunde Strukturen gibt. Das heißt für den Zwangskranken auch, daß er nicht „ganz verrückt", „irgendwie nervenkrank" oder gar „charaktergestört" ist, oder wie immer derartige Pauschalurteile lauten mögen. Diejenigen Erkenntnisse begreifbar zu machen, die eine biologische Erklärung für die Zwangskrankheit plausibel machen, heißt somit auch, auf die Begrenztheit des Krankheitsgeschehens hinzuweisen. Es kann für manche Zwangspatienten sehr entlastend sein, zu erfahren, daß es nicht unplausibel ist, ihre Erkrankung als etwas Ähnliches zu begreifen wie eine Herzkrankheit. Bei dem einen sind geschädigte Herzmuskelzellen für die Beschwerden verantwortlich, bei dem anderen sind es geschädigte Nervenzellen.

2. Neurobiologische Krankheitsmodelle der Zwangskrankheit

Störungen des neurochemischen Gleichgewichts

Das Wissen über Störungen neurochemischer Regelkreise bei der Zwangskrankheit stammt im wesentlichen aus den Erkenntnissen, die man bei der Therapie der Zwangskrankheit gewonnen hat. Die ersten pharmakologischen Behandlungserfolge ließen erkennen, daß eine Störung im sogenannten *Serotoninsystem* bei der Zwangserkrankung eine entscheidende Rolle spielt.

Trotz erheblicher Erfolge der Psychopharmakotherapie bei anderen psychiatrischen Erkankungen blieben Zwangsvorstellungen und Zwangsgedanken zunächst ein unbeeinflußbares Problem. Weder angstlösende Medikamente wie Ben-

zodiazepine noch Mittel gegen Depressionen oder Wahnvor-
stellungen, wie Antidepressiva und Neuroleptika, erwiesen
sich auch nur ansatzweise als geeignet für die Therapie von
Zwangssymptomen. Erst relativ spät – in den achtziger Jahren
– wurde entdeckt, daß die Substanz Clomipramin (später
auch Fluvoxamin und Fluoxetin), die bis dahin gegen Depressionen eingesetzt worden war, Zwangssymptome mildern
kann.

Diese Mittel unterscheiden sich insofern von anderen Antidepressiva, als sie ihre Wirkung ganz überwiegend über die
Hemmung der Wiederaufnahme des Serotonins entfalten.
Serotonin ist ein *Neurotransmitter*, eine chemische Substanz,
die als Botenstoff Informationen zwischen Nervenzellen
übermittelt. Eine derartige Übermittlung läuft nach folgendem
Schema ab: Die Fortsätze unserer Nervenzellen stehen mit
anderen Nerven über sogenannte Synapsen in Verbindung. An
diesen Synapsen bildet das Ende des Fortsatzes eine kleine
Auftreibung, eine Art Kolben, und legt sich eng an den Fort-
satz oder Körper einer anderen Nervenzelle an.

Den zwischen einer solchen Nervenkontaktstelle liegenden
Raum bezeichnet man als synaptischen Spalt. In dem Endkolben einer Nervenzelle werden sogenannte *Botenstoffe oder
Transmitter* gehortet, produziert, zur Signalübermittlung ausgeschüttet und wieder in die Zelle zurücktransportiert. Diese
Transmitter sind Substanzen ganz unterschiedlicher chemischer Zusammensetzung, die vom Körper selbst aus bestimmten Vorläufersubstanzen produziert werden. Die elektrischen
Impulse, die ein Nerv leitet, werden letztlich an den Synapsen
mit Hilfe der Transmitter in chemische Signale umgewandelt.
Über die Information, die so von Nerv zu Nerv weitergegeben
wird, entscheidet unter anderem die Art des Botenstoffs und
die Menge an Botenstoff, die ausgeschüttet wird.

In unserem Gehirn gibt es eine Vielzahl solcher Neurotransmitter. Ihre Verteilung bestimmt die sogenannte „Chemo-
architektonik" des Gehirns. Einige Neurotransmitter sind auf
ganz bestimmte Regionen konzentriert, andere findet man diffus im Gehirn (aber auch im ganzen Körper) verteilt.

Abb. 1: Die Abbildung zeigt ein Geflecht von Nervenzellen und ihren synaptischen Endknöpfen, die am Zelleib sowie an den Dendriten anderer Nervenzellen ansetzen.

Serotonin (5-Hydroxytryptamin) wird im Körper aus der Aminosäure *Tryptophan* hergestellt. In den vergangenen Jahren ist es gelungen, wichtige Details der Serotoninwirkung nicht nur im Gehirn, sondern auch in anderen Organen aufzuklären. Nur etwa ein Prozent aller Nervenzellen des Gehirns bedienen sich des Serotonins als Botenstoff. Neurobiologische Forschungen der letzten Jahre haben ergeben, daß

Serotonin sehr viele verschiedene Funktionen im Gehirn modulieren kann. Es ist beteiligt an der Regulation von Emotionen, aggressiven Impulsen, Körpertemperatur, Blutdruck, Eß- und Sexualverhalten, Erbrechen und Schmerzempfinden. Inzwischen ist man überzeugt, daß Veränderungen im Serotoninstoffwechsel bei den unterschiedlichsten psychiatrischen Störungen wie Angsterkrankungen, Depressionen, Schizophrenien oder Eßstörungen ein Rolle spielen.

Die Erkenntnis, daß dem Serotonin bei der Entstehung der Zwangskrankheit sogar eine Schlüsselposition zukommt, stützt sich im wesentlichen auf Beobachtungen, die man aus neurochemischen Untersuchungen sowie aus Therapiestudien gewonnen hat:

– Als erstes sind hier die Ergebnisse der Therapie mit den *Serotonin-Wiederaufnahmehemmern* (Serotonin-reuptake inhibitors) zu nennen. (Die einzelnen Substanzen dieser Klasse von Medikamenten werden im folgenden Kapitel über die Therapie von Zwangskrankheiten noch differenzierter erläutert.)

Von der Wirkung dieser Medikamente haben die Neurowissenschaftler wichtige Erkenntnisse über die Störungen im Serotoninstoffwechsel gewonnen. Deshalb ist es notwendig zu verstehen, wie die Serotonin-Wiederaufnahmehemmer in diesen Stoffwechsel eingreifen. Sie entfalten ihre Wirkung an dem Endkolben eines Nervenfortsatzes, an der präsynaptischen Membran. In dieser Membran, der äußeren Hülle des Nervenfortsatzes, befinden sich *Rezeptoren*. Das sind spezifische Bindungsstellen für Transmitter. Die Transmitter passen in diese Bindungsstellen wie ein Schlüssel ins Schloß. Sowohl diesseits (präsynaptisch) wie jenseits (postsynaptisch) des synaptischen Spalts befinden sich derartige Rezeptoren. Über die Ankopplung eines Botenstoffes an die Rezeptoren in der Membran löst dieser eine ganze Reihe von Reaktionen im Zellinnern aus. Über den Rezeptor werden sogenannte *second messenger*-Systeme aktiviert. Diese stellen gleichsam eine Kopplungsstelle zwischen Zellmembran und Zellinnerem her. So werden Stoffwechselprozesse in der Zelle beeinflußt, die sogar über den Zellkern auf die genetische Information Ein-

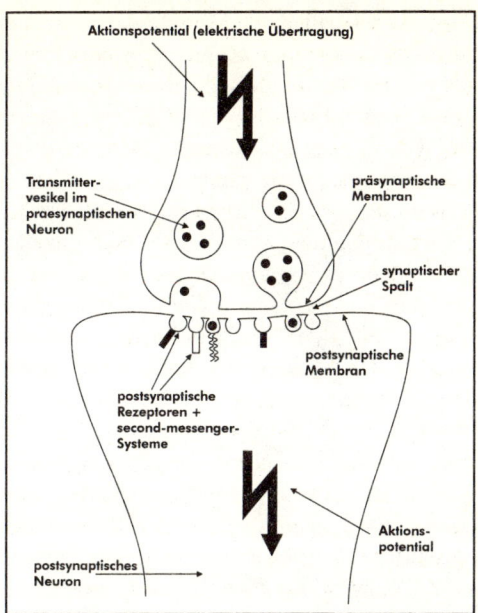

Abb. 2: Das Aktionspotential führt am Endkolben eines Nervenfortsatzes zur Freisetzung von Transmittern aus den Speichervesikeln. Sie diffundieren durch den synaptischen Spalt. Wenn sie auf passende Rezeptoren an der postsynaptischen Membran stoßen, bewirken sie über eine Kaskade von Informationssystemen nicht allein die Weitergabe des Aktionspotentials. Sie greifen auch in Stoffwechselvorgänge der Zelle bis hin zur Beeinflussung der genetischen Information ein.

fluß nehmen können. Sogenannte *third messenger* (von denen man inzwischen weiß, daß sie von Psychopharmaka verändert werden können) sind an der Umsetzung dert genetischen Information beteiligt. Diese Prozesse dienen mithin nicht allein der kurzfristigen Fortleitung von Informationen, sondern sie nehmen zusätzlich auch langfristig auf die neuronalen informationsverarbeitenden Prozesse Einfluß.

Elektrische Impulse können auf die Nachbarzelle erregend oder hemmend wirken; sie können das ursprüngliche Signal verstärken oder abschwächen. Schließlich werden unter anderem durch die Regulierung der Freisetzung von Transmittern auch langfristige Reaktionen ausgelöst, etwa dergestalt, daß eine Nervenzelle auf ganz spezielle Reize vermehrt anspricht und somit eine bestimmte Informationsschiene gebahnt wird. Die Bahnung von Erregungskreisen dient zum Beispiel dazu, bestimmte Bewegungsabläufe routinierter, geschmeidiger ablaufen zu lassen oder Gedächtnisspuren zu fixieren.

Um dies zu ermöglichen, schüttet die Nervenzelle an ihren Fortsätzen aus dem präsynaptischen Ende einen Botenstoff aus, zum Beispiel das Serotonin. Dieses erzielt dann spezifische Wirkungen an den Rezeptoren der postsynaptischen Membran der Nachbarzelle. Damit solch ein chemischer Informationsfluß zwischen den Nervenzellen auch wieder beendet werden kann, muß das Serotonin aus dem synaptischen Spalt entfernt werden. Das geschieht hauptsächlich indem es wieder in den präsynaptischen Nervenfortsatz aufgenommen wird. Serotonin wird also dorthin zurücktransportiert, von wo es ausgeschüttet wurde. In der Nervenendigung, also innerhalb der Zelle, wird ein Großteil der Substanz abgebaut. Für die Vermittlung der Wiederaufnahme sind die genannten präsynaptischen Serotonin-Rezeptoren zuständig.

Serotonin-Wiederaufnahmehemmer besetzen nun diese Rezeptoren an der präsynaptischen Membran und blockieren so den Rücktransport des Serotonins in die Zelle. Letztlich bewirken diese Medikamente, daß mehr Serotonin für eine längerdauernde Wirkung an der nachgeordneten Nervenzelle zur Verfügung steht.

Obwohl durch die Therapie mit Serotonin-Wiederaufnahmehemmern eindrucksvolle Erfolge bei der Behandlung der Zwangskrankheit erzielt werden konnten, lassen diese sich nicht vollständig durch die beschriebenen Vorgänge an der einzelnen Nervenzelle erklären. Die Blockierung der Wiederaufnahme erfolgt innerhalb von Minuten nach Gabe eines Wiederaufnahmehemmstoffes. Aber erst nach Wochen spürt der Patient eine Entlastung von seinen Zwängen. Diese zeitliche Verzögerung läßt sich erst im Zusammenhang mit anderen Untersuchungen erklären, wie im folgenden erläutert werden soll.

– Die zweite wichtige Gruppe von Untersuchungen zur Rolle des Serotonins bei Zwangsstörungen betrifft die Frage, inwieweit die Konzentration von Serotonin im Blut oder in der Gehirnflüssigkeit von Zwangskranken überhaupt verändert ist. Da die wirksamen Medikamente offensichtlich eine Veränderung des zur Verfügung stehenden Serotonins bewirken, würde man erwarten, daß bei Zwangskranken auch „krankhafte", vom Gesunden abweichende Konzentrationen von Serotonin gefunden werden. Untersuchungen zu diesem Problem haben zum Teil widersprüchliche Ergebnisse erbracht. So wurde beispielsweise die Konzentration der Substanz 5-Hydroxyindolessigsäure, ein Abbauprodukt aus Serotonin, in der Gehirnflüssigkeit von Zwangskranken im Vergleich zu gesunden Kontrollpersonen erhöht gefunden. Das läßt darauf schließen, daß Serotonin bei Zwangskranken vermehrt umgesetzt wird.

Obwohl durch die Blockierung der Wiederaufnahme des Serotonins damit im Grunde noch mehr Serotonin zur Verfügung steht, kann der langfristige Effekt der Therapie dennoch logisch erklärt werden. Die Dynamik des Transmittersystems wird nämlich nicht allein von der Menge an Botenstoff reguliert. Die Zellen reagieren auf gestörte Stoffwechselvorgänge durch den Abbau oder die zusätzliche Ausformung von Rezeptoren. Außerdem kann zusätzlich der einzelne Rezeptor seine Sensibilität für einen Botenstoff verändern. Er kann sehr empfindlich oder weniger empfindlich reagieren. Der langfristige Effekt der Serotonin-Wiederaufnahmehemmer ließe sich dann folgendermaßen erklären:

Durch einen erhöhten Umsatz von Serotonin ist dieses Transmittersystem bei Zwangskranken gestört. Die Blockierung der Wiederaufnahme setzt zunächst mehr Serotonin im synaptischen Spalt frei. Darauf reagieren die nachgeschalteten Systeme mit verminderter Empfänglichkeit für serotoninvermittelte Reize. Dieses „Abschalten" hat langfristig schließlich einen günstigen therapeutischen Effekt: Die vormals übersteigerten Serotonineffekte sind nun gedämpft.

– Diese Hypothese wird zusätzlich durch eine dritte Gruppe von Untersuchungen gestützt. Hierbei handelt es sich um

Ergebnisse, die aus Studien mit dem Serotonin-Agonisten *m-Chlorophenylpiperazin (m-CPP)* erzielt worden sind. Diese Substanz hat serotoninähnliche (agonistische) Wirkungen. Bei Zwangskranken ruft m-CPP Zwangshandlungen und Zwangsgedanken hervor, nicht jedoch bei gesunden Personen. Nach einer langfristigen Therapie mit einem Serotonin-Wiederaufnahmehemmer läßt die Wirkung von m-CPP auch bei Zwangskranken nach. Dies wird so erklärt, daß durch die Therapie die Empfindlichkeit derjenigen Nerven, die auf Serotonin ansprechen (in diesem Fall auf eine dem Serotonin ähnliche Substanz), reduziert werden konnte. Diese Ergebnisse stimmen folglich mit dem erwähnten Effekt des „Abschaltens" der vormals übersteigerten Serotoninempfindlichkeit überein.

Schädigung von Strukturen bestimmter Hirnareale

Ein Zusammenhang zwischen Zwangserscheinungen und organischen Erkrankungen bestimmter Hirnteile wird schon seit langem vermutet. So gibt es Patienten, die an Chorea (Veitstanz) leiden und gleichzeitig Zwangssymptome aufweisen. Diese Kranken verlieren die Kontrolle über ihre Muskulatur. Sie führen mit einzelnen Gliedern oder dem gesamten Rumpf unwillkürliche, teilweise geschraubt aussehende Bewegungen aus, schneiden Grimassen und sind im Sprechen gestört. Die zugrunde liegende Hirnstörung betrifft die sogenannten *Basalganglien*. Die Basalganglien sind eine Ansammlung von Nervenzellen, ein Kerngebiet, das von den Fortsätzen der Nervenzellen umhüllt wird, die die Verbindung hauptsächlich zur Hirnrinde und zu anderen Kerngebieten darstellen (Abbildung 3). Sie sind eine zentrale Schaltstelle für die Koordination routinemäßig ablaufender Bewegungsabfolgen. Gehen, Schreiben, Schalten beim Autofahren, Benutzen des Bestecks während des Essens und viele andere alltägliche Bewegungsmuster laufen zwar nicht unbewußt ab. Sie sind aber so „eingeschliffen", daß wir ihnen nicht unsere volle Aufmerksamkeit widmen müssen. Dadurch können währenddessen

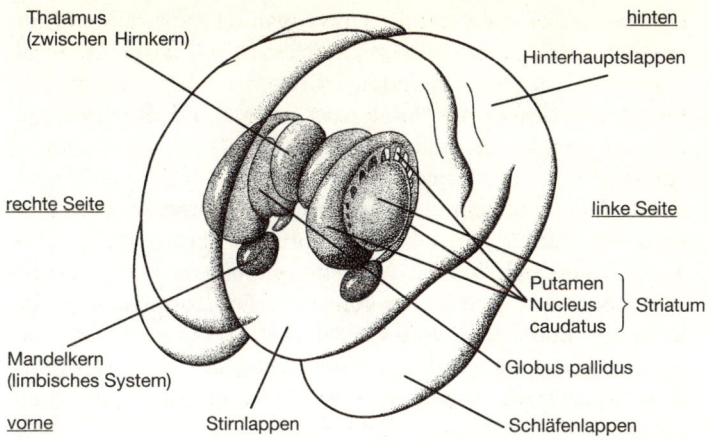

Thalamus
(zwischen Hirnkern)

hinten

Hinterhauptslappen

rechte Seite

linke Seite

Putamen
Nucleus
caudatus } Striatum

Mandelkern
(limbisches System)

Globus pallidus

vorne

Stirnlappen

Schläfenlappen

Abb. 3: Die Abbildung zeigt, wie die Basalganglien (Putamen, Nucleus caudatus und Globus pallidus) im Gehirn angeordnet sind. Zusammen mit Anteilen des Stirnlappens stellen sie eine wichtige Schaltstelle für die Koordination automatischer Bewegungsabfolgen dar.

Tätigkeiten verrichtet werden, die mehr Aufmerksamkeit verlangen, etwa eine Unterhaltung beim Spaziergang, das Achten auf den Verkehr, das Gespräch bei Tisch. Die Basalganglien übernehmen die Aufgabe, diejenigen Informationen, die die genannten Routinetätigkeiten betreffen, zu verarbeiten und als Antworten sinnvolle Muskelbewegungen zu erzeugen. Dabei wird die Großhirnrinde, die mit „wichtigeren" Aufgaben beschäftigt ist, entlastet.

Erkrankungen im Bereich dieser Hirnstrukturen gehen mit zum Teil sehr komplexen Bewegungstörungen einher. Dazu gehören die Chorea, die *Parkinsonerkrankung* und parkinsonähnliche Störungen, wie sie nach der *von-Economo-Enzephalitis oder Schlafkrankheit* auftraten. Diese Gehirnentzündung wurde von einer Grippewelle (wahrscheinlich durch ein Virus) ausgelöst, die sich während des Ersten Weltkrieges in Europa ausbreitete. Infolge dieser Gehirnentzündung, die unter anderem auch die Basalganglien befiel, traten nicht selten Zwangserkrankungen auf. Die enge Verbindung von *Tourette-*

Syndrom, das ebenfalls als eine organische Erkrankung angesehen wird, und Zwangskranheit ist im vorangegangen Kapitel (III. 2.) bereits erläutert worden. Neuere Untersuchungen haben zu der Vermutung geführt, daß Störungen im Bereich der Basalganglien auch für das Tourette-Syndrom (mit-)verantwortlich sind.

Die Annahme, daß die Symptome der Zwangskrankheit bestimmten Orten im Gehirn zugeordnet werden können, ist somit schon ziemlich alt. Neu sind die mit modernen neurobiologischen Methoden gewonnenen Erkenntnisse, die eine derartige Zuordnung plausibel machen. Dazu gehören insbesondere die bildgebenden Verfahren wie die *Computertomographie* und die *Kernspintomographie*, die die Darstellung einzelner Hirnstrukturen durch äußerst detailgetreue Aufnahmen ermöglichen. Noch wichtiger sind Untersuchungen mit Hilfe der *Positronenemissionstomographie (PET)* geworden. Diese Methode ermöglicht es, den Energieverbrauch in verschiedenen Gehirnstrukturen zu erfassen. Das ist auf zweierlei Weise möglich. Man kann dazu einmal messen, wie stark die Durchblutung in einer bestimmten Gehirnregion ist. Da das Blut den Zellen Nährstoffe zuführt, erlaubt die Stärke des Blutflusses Rückschlüsse auf den Nährstoffverbrauch der Nervenzellen. Das ist aber gleichzeitig auch ein Maß für die Nervenaktivität innerhalb dieser Strukturen, da die Nervenzellen umso mehr Nährstoffe verbrauchen, je intensiver sie elektrische Impulse abfeuern. Die zweite Möglichkeit besteht darin, den regionalen Verbrauch von Zuckermolekülen zu erfassen. Zucker ist der Hauptenergielieferant der Nervenzellen. Auch über diese Messung erhält man damit ein Korrelat für die Aktivität der Nervenzellen. Damit gibt es also eine Möglichkeit, nicht nur Form und Größe von Gehirnstrukturen zu erfassen, sondern diese modernen Methoden geben überdies Auskunft über den Funktionszustand *bestimmter Hirnregionen.*

Zu den wichtigsten Erkenntnissen, die mit Hilfe dieser bildgebenden Verfahren gewonnen werden konnten, zählen diejenigen Untersuchungen, die bei Zwangskranken in bestimmten Regionen des *Stirnhirns* Veränderungen aufgedeckt haben. Die Aktivität derjenigen Stirnhirnanteile, die auf dem Schädelbasisknochen direkt über der Augenhöhle gelegen sind (*orbito-frontaler Kortex*), ist bei Zwangskranken erhöht.

Diese Stirnhirnanteile stellen zusammen mit dem *Striatum* (einer den Nucleus caudatus und ein anderes Kerngebiet, das Putamen, umfassenden Struktur der Basalganglien) eine funktionelle Einheit dar. Das Stirnhirn übernimmt wichtige Aufgaben bei der Steuerung der Aufmerksamkeit, bei der Integration von Informationen von außen (von Auge, Ohr oder Haut) und innen (Motivation) sowie der Regulation von Bewegungsabläufen und Wahrnehmungsprozessen. Das Stirnhirn nimmt überdies an der Kontrolle des Sozialverhaltens teil. Bei Schädigungen im Bereich des Stirnhirns wurden unsoziales Verhalten, sexuelle Enthemmtheit und der Verlust der Fähigkeit, die Aufmerksamkeit konzentriert bestimmten Aufgaben oder Situationen zu widmen, beobachtet. Manche interpretieren das als ein Verhalten, das dem mancher Zwangspatienten gerade entgegengesetzt erscheint. Zwangskranke können sozial überangepaßt sein, sexuelle Impulse unterdrücken, und sie schaffen es nicht, die Aufmerksamkeit von einem bestimmten Gedanken, einer bestimmten Handlung abzuwenden, sondern bleiben daran haften. Eine Überfunktion des Stirnhirns könnte somit diese Verhaltensweisen von Zwangskranken erklären. Deutlich wird dies insbesondere dann, wenn man das Zusammenspiel von Stirnhirn und Striatum berücksichtigt.

Das Striatum stellt eine Art Filter dar, das eintreffende Empfindungen oder Gedanken auf Vorrangigkeit und Bedeutung prüft. Es ist zusätzlich bei der Vorbereitung von Handlungen, die angemessene Reaktionen auf diese Empfindungen und Gedanken darstellen, beteiligt. Es kann – notfalls ohne höhere Gehirnzentren bemühen zu müssen – motorische Aktionen weitgehend selbständig durchführen oder Wahrnehmungen unterdrücken. Die Zusammenarbeit zwischen Stirnhirn und Striatum ist besonders wichtig für die Erledigung automatischer Tätigkeiten, die normalerweise wenig Konzentration, Aufmerksamkeit und geistige Anstrengung verlangen.

Patienten, deren striatale Strukturen geschädigt sind, haben große Schwierigkeiten beim Schreiben des eigenen Namens. Sie müssen sich regelrecht auf die Unterschrift konzentrieren und werden häufig abgelenkt durch zufällige Bewegungen, die nichts mit Schreibbewegungen zu tun haben. Daraus hat man gefolgert, daß nach Schädigung des Striatums Großhirnanteile dessen Aufgaben mit übernehmen müssen. Ansonsten automatisch ablaufende Tätigkeiten können jedoch dann nicht „wie nebenbei" erledigt werden. Sie erfordern eine erhöhte Konzentration und sind leichter störbar, weil sie bewußter abgearbeitet werden müssen.

Ausgehend von diesen Erkenntnissen ist ein neuroanatomisches Modell der Zwangskrankheit entwickelt worden, das die primäre Störung im Striatum vermutet. Der Ausfall dieser entscheidenden Filterstation läßt immer wieder – so die theoretische Vorstellung – Impulse zu höheren Gehirnzentren durchsickern, die normalerweise ohne großen gedanklichen Aufwand bearbeitet und erledigt werden können. Aggressive oder sexuelle Impulse oder die Angst vor Schmutz und Ansteckung werden diesem Modell zufolge vom Gesunden angemessen kontrolliert, der Zwangskranke kann sie indessen nicht mehr unterdrücken. Auch motorische Tics könnten nach diesem Modell erklärt werden. Sie werden als Antwort auf die ungefiltert eintreffenden Empfindungen interpretiert, wobei das sonst flexibel funktionierende System als Antwort nur vorgeprägte, fixierte Bewegungsmuster bereithält. Das komplexe Ritual einer Zwangshandlung wird schließlich als der Versuch des höheren Gehirnzentrums verstanden, in einem bewußten Abarbeiten der bedrängenden – auf einer niedrigeren Ebene nicht rechtzeitig gefilterten und kontrollierten – Impulse Herr zu werden. Am Beispiel eines Patienten mit Waschzwang lassen sich diese theoretischen Vorstellungen verdeutlichen. Gesunde denken nach Berühren eines schmutzigen Gegenstandes vielleicht kurz darüber nach, waschen sich vielleicht die Hände und können sich dann sofort wichtigeren Angelegenheiten zuwenden. Der Zwangskranke kann diesen Vorgang nicht ebenso automatisch abarbeiten, weil die funktionelle Einheit von Striatum und Großhirn geschädigt ist. Das übergeordnete Gehirnzentrum kann die Aufgabe nicht „nebenbei" erledigen. Es muß mit erheblich mehr Aufwand versuchen, sich von der Sorge über die Verschmutzung abzuwenden. Mitunter gelingt dies auch nach häufigem Waschen nicht, sondern erst in einer Art Erschöpfungszustand.

Dieses Modell ist ein Versuch, die vielen verschiedenen Erkenntnisse, die aus der neurobiologischen Erforschung der Zwangskrankheiten in den vergangenen zehn Jahren gewonnen werden konnten, zu erläutern. Natürlich sind solche Modelle immer eine Vereinfachung. Ein Zwangsgedanke oder eine Zwangshandlung können selbstverständlich nicht vollständig auf ein derartig einfaches Interaktionsmuster zwischen zwei Gehirnzentren reduziert werden. Das ist auch nicht der Sinn eines solchen Modells. Da die neurobiologischen Erkenntnisse, die mit Hilfe der modernen bildgebenden Verfahren bei Zwangskranken gewonnen werden konnten, relativ neu sind, bedarf es zunächst einer möglichst klaren Ausgangshypothese, in die sich sinnvoll die weiteren, weit komplexeren Ergebnisse einfügen lassen. Außerdem muß man zunächst eine Hypothese haben, um ihre Gültigkeit anhand zusätzlicher Detailannahmen überprüfen zu können.

Tatsächlich ist es jetzt möglich geworden, über die Positronenemissionstomographie sehr exakte Ortsbestimmungen von den in diesem Zusammenhang interessierenden Kerngebieten der Basalganglien zu machen. Es wird vermutet, daß man damit künftig charakteristische Schädigungsmuster, beispielsweise für Zwangsgedanken und Zwangshandlungen, für die komplexen Störungen beim Gilles de la Tourette-Syndrom oder für motorische Tics, nachweisen kann.

Eine Vereinfachung stellt die hier erläuterte Modellvorstellung auch deshalb dar, weil sie lediglich eine von mehreren neurobiologischen Hypothesen zur Neuroanatomie der Zwangsstörung darstellt. Diese unterschiedlichen Vorstellungen widersprechen sich indes nicht, sondern setzen jeweils andere Akzente. Daß bei Zwangsstörungen eine Veränderung der Basalganglien und des Stirnhirns eine wichtige Rolle spielt, ist unbestritten. Zusätzlich ist offenbar eine als *Cingulum* bezeichnete Struktur bei der Zwangsstörung von Bedeutung. Das Cingulum liegt im Gehirn unmittelbar oberhalb des Balkens, einer Sammlung von Nervenfasern, welche die beiden Großhirnhälften miteinander verbinden. Es dient als Teil des *limbischen Systems* der Verarbeitung und Steuerung von Emotionen. Bei Epilepsiekranken, denen aus diagnostischen Gründen eine elektrische Sonde ins Gehirn eingeführt wurde, fand man überraschende Reaktionen, wenn das Cingulum gereizt wurde. Die Patienten wiederholten ständig stereotype Bewegungsmuster, die Zwangsritualen nicht unähnlich waren. Als weitere Belege für einen Zusammenhang zwischen Cingulum und Zwangsstörung gelten die Ergebnisse neurochirurgischer Eingriffe, bei denen Teile des Cingulums zerstört worden waren. Mehrere Untersucher haben unabhängig voneinander berichtet, daß Zwangskranke hierdurch zum Teil dramatische Besserungen erfuhren. (Zur Rolle der Neurochirurgie bei der Behandlung der Zwangskrankheit siehe auch Kapitel V.3).

Auch der *Hypothalamus*, der im Gehirn die Steuerung vegetativer Funktionen, wie zum Beispiel Verdauung, Schlafen, Herzschlag, Blutdruck und vieles andere mehr, übernimmt, ist an der Entstehung von Zwangssymptomen offenbar beteiligt. Das legt der Zusammenhang von Zwangskrankheit und *Diabetes insipidus* nahe. Diese Erkrankung des Hypothalamus bewirkt, daß die zentrale Steuerung der Wasserausscheidung durch die Niere nicht mehr funktioniert. Die Patienten müssen unter Umständen mehr als zwanzig Liter am Tag trinken. Ob beide Krankheiten, Diabetes insipidus und Zwangskrankheit, tatsächlich überzufällig häufig gemeinsam vorkommen, ist allerdings noch nicht eindeutig bewiesen.

Wie leistungsfähig die neurobiologische Forschung sein kann, wird sich künftig auch daran messen lassen, wie sehr die beiden skizzierten Modelle – das neurochemische, in dessen Mittelpunkt die Dysfunktion des Serotoninsystems steht, und das neuroanatomische, das die Topographie der geschädigten Strukturen im Gehirn untersucht – in Einklang gebracht werden können. Es handelt sich schließlich nicht um konkurrierende Aussagen, sondern um zwei verschiedene Annäherungen an ein gemeinsames Ziel, nämlich die organischen Hirnveränderungen bei der Zwangskrankheit aufzuklären. Es wäre zu erwarten, daß die Veränderungen, die man in den Basalganglien und im Stirnhirn gefunden hat, in irgendeiner Form mit den Störungen im Serotoninstoffwechsel zusammenhängen.

Ein derartiger Zusammenhang läßt sich sehr eindrucksvoll am Beispiel der im vorangegangenen Kapitel geschilderten *obsessive-compulsive spectrum disorders* herstellen. Diese Erkrankungen lassen sich phänomenologisch entlang eines Spektrums verschiedener Symptome anordnen. Am einen Ende der Skala steht der zwanghafte Patient, der Risiken vermeidet (risk avoiding) und überangepaßt an soziale Normen lebt. Am anderen Ende der Skala steht der Patient, der seine Impulse nicht kontrollieren kann, das Risiko sucht (risk seeking) und Gefahr läuft, über antisoziales Verhalten – nicht selten im Zusammenhang mit Alkoholismus – in eine kriminelle Karriere zu münden. Mit diesen beiden Extremen lassen sich aber nicht allein die neurochemischen, sondern auch die neuroanatomischen Beobachtungen korrelieren. So fand man Zeichen eines erhöhten Serotoninumsatzes bei den eher zwanghaften Patienten. Dagegen gehen erhöhte Impulsivität und antisoziales Verhalten mit impulsiv-aggressiven Reaktionen gegenüber Mitmenschen (oder als Suizidneigung nach innen gerichtet) mit einer verminderten Serotoninaktivität einher. Gleichzeitig lassen sich diese beiden Extreme aber auch durch die neuroanatomischen Beobachtungen unterscheiden. So ist vermehrte Zwanghaftigkeit mit verstärkter Nervenaktivität im Stirnhirn korreliert. Dagegen wird bei aggressiv-impulsiven und antisozialen Verhaltensweisen eine verminderte Stirnhirnaktivität oder eine Schädigung des Stirnhirns beobachtet. Obwohl derartige Zuordnungen im Moment noch ein sehr vereinfachtes, eher hypothetisches Schema zugrunde legen, lassen sie doch erkennen, daß die Beschreibung des krankhaften Verhaltens sowie neurochemische und neuroanatomische Beobachtungen nur unterschiedliche Facetten desselben Phänomens darstellen.

In ähnlicher Weise lassen sich auch klinisch-phänomenologische, neurochemische und neuroanatomische Gemeinsamkeiten zwischen Zwangskrankheit und bestimmten neurologischen Erkrankungen wie dem Tourette-Syndrom nachweisen. Auch in diesem Fall bestätigen sich die neurobiologischen Befunde und die Beobachtungen am Patienten wechselseitig. Das Tourette-Syndrom wird ebenfalls als Erkrankung der Basalganglien interpretiert. Auch im Serotoninstoffwechsel lassen sich bei diesen Patienten ähnliche Störungen wie bei Zwangskranken nachweisen. Schließlich wurde bereits darauf hingewiesen, daß der Ablauf mancher Zwangshandlungen einer komplexen motorischen Bewegungsstörung nicht unähnlich ist. Das betrifft die Tatsache, daß derartige Bewegungen ganz plötzlich und unbeabsichtigt einsetzen, daß der Patient keinerlei sinnvolle Erklärung dafür findet, warum er das tut, daß sie mitunter für eine gewisse Zeit unterdrückt werden können und daß sie sich irgenwann schließlich „wie von selbst erschöpfen", ohne daß damit eine sinnvolle Beendigung der Tätigkeit erreicht worden wäre. Es gibt Wissenschaftler, die es für möglich halten, daß zumindest einige Zwangshandlungen nichts anderes darstellen als komplexe motorische Tics. Auf die Gründe, die im Einzelfall eine solche Annahme plausibel machen, wird an zahlreichen Stellen dieses Buches hingewiesen. Dennoch lassen sich derartige Hypothesen zur Zeit nicht beweisen. Immerhin wird aber jetzt schon deutlich, daß die neurobiologische Forschung im Einklang mit klinischen Beobachtungen wichtige Hinweise für eine Neuklassifizierung von Zwangkrankheiten im Zusammenhang mit den obsessive-compulsive spectrum disorders erbracht hat.

3. Lerntheoretisches Modell der Zwangskrankheit

Ausgelöst durch die großen Erfolge, die die Verhaltenstherapie bei der Behandlung von zwangskranken Patienten erzielen konnte, hat das lerntheoretische Modell zur Erklärung von Zwangsverhalten immer mehr an Bedeutung gewonnen. Das der Verhaltenstheorie zugrundeliegende Modell sieht *Zwangsverhalten* als eine *gelernte Reaktion.* Zentrale Bedeutung bei der Entstehung von Zwangshandlungen kommt dabei dem Faktor Angst zu. Angst, Schrecken oder Unbehagen, die natürlicherweise in problematischen Situationen, zum Beispiel bei außergewöhnlich starken Belastungen oder zwischenmenschlichen Konflikten, auftreten können, verbinden sich mit einem Reiz – zum Beispiel Schmutz –, der unter normalen Umständen keine derartigen Angst- oder Schreckgefühle hervorruft. Ein solcher Reiz ist deshalb im Hinblick auf die Entstehung von Angst zunächst neutral. In der Sprache der Verhaltenstherapie handelt es sich um eine sogenannte *Klassische Konditionierung:* Die unkonditionierte Reaktion „Angst" folgt zunächst auf einen unkonditionierten Reiz, zum Beispiel auf eine Belastungssituation. Dieser unkonditionierte Reiz wird (irgendwann im Leben) an einen vorher *neutralen Stimulus* (Schmutz) gekoppelt. Dieser neutrale Stimulus wird zum *konditionierten Stimulus,* der die Angst schließlich auch alleine auszulösen vermag. Angst wird damit zur *konditionierten Reaktion.*

In dem zweiten Lernschritt des sogenannten *Operanten Konditionierens (= Lernen am Erfolg)* macht der Patient die Erfahrung, daß er die erwartete Angstreaktion durch bestimmte Verhaltensweisen – zum Beispiel Waschen oder andere Rituale – vermeiden kann. Damit wird ein Teufelskreis in Gang gesetzt. Denn je öfter der Patient erfolgreich mit Hilfe dieses Vermeidungsverhaltens die Angstreaktion unterdrücken kann, desto mehr stabilisiert sich der Lernzyklus. Das Ausbleiben der Angst stellt dabei die sogenannte *positive Verstärkung* dar: Das zwanghafte Ritual wird belohnt – die Angst wird unterdrückt – und deshalb schließlich immer häufiger vollzogen. Die Verhaltenstherapie der Zwangskrankheit (siehe Kapitel V.1.) beruht – was ihre Grundprinzipien betrifft – darauf, diesen Lernvorgang rückgängig zu machen, den Teufelskreis zu durchbrechen.

Manche Patienten können die Situationen, in denen die beschriebene Kopplung von Angst an einen vormals neutralen Stimulus vor sich ging, klar erinnern: „Damals, als das erste Kind geboren wurde, die Verantwortung für den Nachwuchs als enorm belastend empfunden wurde, ... kam ich an einem Friedhof vorbei und wußte, daß mich der Gedanke an den Tod nie mehr loslassen würde." So beschreibt eine Patientin den Zeitpunkt, von dem an sie bestimmte Auslöser (zum Beispiel Zahlen, die die Todesdaten naher Angehöriger beinhalteten) immer wieder an den Tod erinnerten und dann höchst unangenehme Gefühle hervorriefen. Aber längst nicht bei allen Patienten lassen sich in ihrer Biographie zweifelsfrei Belastungssituationen finden, die als unkonditionierter Reiz gelten könnten. Auch ist die Erinnerung eines Patienten nicht immer so verläßlich, als daß der Kopplungsvorgang von unkonditioniertem und konditioniertem Stimulus jedesmal definitiv zu bestimmen wäre. Unter anderem deshalb ist vorgeschlagen worden, nicht das zweistufige Modell vom klassischen und operanten Konditionieren zu bemühen, um das Zustandekommen von Zwängen zu erklären. Statt dessen soll nach einem etwas abweichenden Konzept lediglich von einem *Auslöser (evoking stimulus)* und einer entsprechenden *Reaktion (evoked response)* die Rede sein. Nach dieser Auffassung besteht die Aufgabe der Therapie darin, die Koppelung von evoking stimulus und evoked response zu durchbrechen.

Es hat sich überdies im Zuge der immer größeren Verbreiterung der Verhaltenstherapie herausgestellt, daß das klassische Modell zwar klare, aber auch sehr einfache Voraussetzungen macht. Längst nicht alle Phänomene der Zwangskrankheit (und anderer Erkrankungen, die das Modell erklären will) stimmen damit überein. Inzwischen wurde es deshalb notwendig, eine Vielzahl von Modifikationen vorzunehmen. Worin diese Korrekturen im einzelnen bestehen, hängt auch von den unterschiedlichen Richtungen innerhalb der Verhaltenstherapie ab. Hier sollen indessen nicht diese verschiedenen Schulen, sondern vielmehr einzelne wichtige Modifikationen des klassischen Modells erläutert werden.

So weisen die Themen und Auslösefaktoren für Zwangshandlungen eine erstaunliche Gleichförmigkeit und Ähnlichkeit auf. Dabei sind es immer wieder ganz charakteristische *Reizmuster*, die das entsprechende Zwangsritual nach sich ziehen. Das sind im wesentlichen Besorgnis um Verschmutzung, das Einhalten von Regeln, persönliche Schuld und Verantwortung, sexuelle Tabus und religiöse Motive. Es sind also nicht beliebige Situationen, die schließlich zum Auslöser für Zwangshandlungen gewählt werden können. Deshalb geht man davon aus, daß es für gewisse angstauslösende Situationen bereits eine biologische Veranlagung gibt (preparedness). Sehr einleuchtend läßt sich das für die Entstehung einer anderen Erkrankung, der Phobie, erklären. Phobien sind Ängste vor bestimmten Tieren (z.B. eine Spinnenphobie) oder Situationen, wie die Angst vor engen, kleinen Räumen (Klaustrophobie) oder die vor großen weiten Plätzen (Agoraphobie). Sie können als Relikte der evolutionären Entwicklung interpretiert werden. Im Laufe der Menschheitsentwicklung war es sinnvoll oder zum Teil sogar überlebenswichtig, derartige Ängste als angeborene Vorsichtsmaßnahme zu entwickeln. Ein derartiger Anlagefaktor ist heute nicht mehr von Vorteil. Sein Durchbrechen in bestimmten Situationen würde aber erklären, warum es ganz bestimmte Angstmuster sind, die so rasch und nachhaltig eine ganze Kaskade von falschen Verhaltensweisen hervorrufen können. Aus der Bedeutung, die früher den elementaren Schutzmaßnahmen zur Vermeidung von Ansteckung zukam, ließe sich vor allem die relativ rasche Entstehung von Waschzwängen erklären.

Anders ist es bei Kontrollzwängen. Diese entwickeln sich sehr viel langsamer. Ihre Entstehung wird im Gegensatz zu Waschzwängen eher im Zusammenhang mit frühen Prägungen durch entsprechende Vorbilder in der Familie gesehen. Die Zwangsthematik kann zusätzlich kulturell modifiziert

sein. Das betrifft jedoch nur die Ausformung der zugrundeliegenden Themen und der ausgeführten Rituale. In der Regel
kehren jedoch Probleme aus Furcht vor Verschmutzung (als
Angst vor Sünde auch im übertragenen Sinne zu verstehen),
Ordnung, Sexualität und Religion immer wieder. Auch dies
spricht letztlich dafür, daß bestimmte Auslösefaktoren über-
individuell angelegt sind. Wie im folgenden Kapitel noch
näher erläutert wird, gehen bestimmte ethologische Modell-
vorstellungen zur Zwangskrankheit hier noch einen Schritt
weiter. Für sie bezieht sich die biologische preparedness nicht
lediglich auf eine Anzahl angstauslösender Situationen, die
relativ rasch Zwangsrituale in Gang setzen. Sie interpretieren
auch recht komplexe Handlungsabläufe als in der Evolution
schon bei Tieren angelegt und als im Gehirn vorgeformte
Strukturen bzw. gebahnte neuronale Erregungsschleifen.

Aus dem theoretischen Konzept der Zwangshandlung als
Ritual, das das Aufkommen von Angst verhindern soll, könnte man folgern, daß es genügen würde, allein die Angst zu
bannen, um den unglücklichen Lernkreislauf zu unterbrechen.
Dies gelingt jedoch nur in Ausnahmefällen, vor allem in frühen Stadien der Krankheit. Im Laufe der Zeit werden die
Zwangshandlungen zu derartig autonomen Handlungsabläu-
fen, daß nur noch eine Unterdrückung der Handlung selbst
hilft und die bloße Angstreduktion keinerlei Vorteile mehr
bringt. Überdies ist eine Stimulusgeneralisierung zu beobachten. Darunter versteht man die Tatsache, daß im Krankheitsverlauf immer mehr Auslösereize zu den entsprechenden
Zwangshandlungen führen können. Die Ausweitung bezieht
sich nicht allein auf konkrete, materielle Eigenschaften der
Stimuli: Ein Beispiel hierfür wäre die bereits erwähnte Angst,
jemanden mit einem Messer verletzen zu können, die sich
schließlich auf alle möglichen spitzen Gegenstände ausdehnen
kann. Auch symbolische Eigenschaften können in die Genera-
lisierung miteinbezogen werden. Als Beispiel dafür kann die
Angst vor negativen Folgen von Sexualverkehr gelten, die sich
schließlich auf alle denkbaren Handlungen ausdehnen kann,
die in irgendeiner Form eine entsprechende Konnotation auf-

weisen, wie zum Beispiel das Schließen von Schubladen, das Verspeisen länglicher Gemüse oder Früchte oder die Verwendung eines Korkens. Je mehr Situationen als Auslöser fungieren, desto mehr Zwangshandlungen zum Vermeiden der gefürchteten Konsequenzen werden vorgenommen und desto besser schleifen sich die Lernvorgänge ein. Das ist mit ein Grund für die außerordentliche Stabilität dieser Handlungen.

Da der Vermeidung von Angst im verhaltenstheoretischen Konzept so entscheidende Bedeutung zukommt, bereitet es gewisse Schwierigkeiten, Zwangshandlungen zu erklären, die nicht zur Reduktion von Angst vorgenommen werden. Bei einer ganzen Reihe von Patienten sind es nicht Ängste, die durch die Zwangshandlung vermieden werden sollen. Manche beschreiben lediglich ein gewisses Unbehagen. Andere sprechen von Unruhe oder Erregung, die nicht einmal als negativ empfunden werden muß. Von manchen Beobachtern werden derartige Empfindungen durchaus in Beziehung gesetzt zu dem Thrill, der impulsiven Handlungen vorausgeht. Es wurde bereits erörtert, daß nicht immer klar zwischen zwanghaftem Verhalten und Störungen der Impulskontrolle unterschieden werden kann. Es gibt überdies Patienten, die überhaupt keine auffälligen Empfindungen oder Emotionen verspüren. „Ich muß das dann einfach tun; dann schießt es mir einfach so durch den Kopf; ich weiß auch nicht warum, aber ich muß das immer weitermachen"; – so oder so ähnlich klingen die Beschreibungen des Unvermögens, einen auch nur irgendwie gearteten Grund – eben auch keine Ängste – für das eigene Verhalten angeben zu können.

Bei einer Untersuchung, die subjektive und objektive Merkmale für Angst gemessen hat, konnte bestätigt werden, daß bei manchen Patienten die Angst nicht größer wurde, wenn sie mit dem die Zwangshandlung auslösenden Stimulus konfrontiert wurden. Auch eine Unterbrechung der Zwangshandlung ging nicht in jedem Fall mit größerer Angst einher. Das war vor allem bei denjenigen Patienten zu beobachten, die unter Waschzwängen litten. Bei Kontrollzwängen ist die Situation noch komplexer. Bei diesen Kranken können die

Zwangsrituale offenbar sowohl beruhigend wirken als auch Angstgefühle verstärken. Bei reinen Zwangsgedanken ist schließlich die Verstärkung der Angstgefühle sogar ein vorherrschendes Phänomen. Reinen Zwangsgedanken fehlt zudem jegliche Verhaltenskomponente.

Auch diese Beobachtungen passen nicht zu den rein am Verhalten orientierten lerntheoretischen Vorstellungen. Deshalb wurde *kognitiven Aspekten* immer mehr Bedeutung beigemessen. Die Einbeziehung der Kognition bedeutet die Berücksichtigung geistiger Prozesse, die der Wahrnehmung und Informationsaufnahme und der Verarbeitung dieser „Input"-komponenten dienen. Eine wichtige Rolle spielt dabei die emotionale Bewertung der aufgenommenen Informationen. Aus der Vielzahl der einströmenden Informationen muß der informationsverarbeitende Apparat diejenigen Details auswählen, die wichtig sind. Eine Selektion von Information ist deshalb unumgänglich. Es ist bekannt, daß neutrale Informationen, wenn sie in einem besonders positiven oder besonders negativen Zusammenhang erfahren werden, stärker beachtet und besser erinnert werden. Die emotionale Bewertung von Information ist deshalb an dem Selektionsprozeß entscheidend beteiligt. Ebenso bedeutsam ist es aber, einen als unwichtig erkannten Gedanken nicht weiterverfolgen zu müssen. Sonst wird der „Kopf nicht frei" für nachfolgende Reize und Informationen. Beide Prozesse dienen der Trennung der wichtigen von den unwichtigen Informationen.

Bei Zwangspatienten ist dieser Selektionsprozeß offenbar gestört. Das läßt sich insbesondere an den Patienten zeigen, die unter Zwangsgedanken leiden. Jeder kennt Gedanken, die einem „durch den Kopf gehen", die plötzlich da sind, sei es im Zusammenhang mit einer gerade ausgeführten Tätigkeit oder auch ganz losgelöst davon. Während der Gesunde diesen Gedanken nicht weiter nachgehen muß, wenn sie sich als unbedeutsam erweisen, funktioniert diese Lösung von einem Gedanken beim Zwangskranken nicht. Offenbar können Zwangskranke nicht anders, als die negativen Aspekte eines Gedankens überbewerten zu müssen. Jeder Arzt weiß im

Prinzip um die Gefahren, die mit der Verabreichung von bestimmten Medikamenten verbunden sind. Dennoch vertraut er darauf, daß bei sachgemäßer Handhabung niemand geschädigt werden kann und hängt derartigen Gedanken nicht lange nach. Ein zwangskranker Arzt glaubt indessen, daß er solch einen Gedanken gar nicht erst denken darf. Die extrem negative Bewertung ist völlig unabhängig davon, wie er sich tatsächlich verhält. Er kann seine Befürchtungen hinsichtlich der potentiellen Gefährdung seiner Patienten auch dann nicht als irrelevant bewerten, wenn er alle Regeln bei der Verabreichung von Medikamenten peinlich genau beachtet hat. Ähnlich wie der Depressive erwartet der Zwangspatient immer den denkbar schlechtesten Ausgang.

Zusätzlich zu dieser emotional negativ getönten Erwartungshaltung haben Zwangskranke auch das Gefühl, für den möglichen Schaden persönlich verantwortlich zu sein. Der Zwangskranke kann nicht eine Verkettung unglücklicher Umstände als mögliche Ursache eines Schadensfalles gelten lassen, wie dies ein Gesunder tun würde. Die informationsverarbeitenden Prozesse messen aber einem Geschehen, für das wir uns verantwortlich fühlen, mehr Bedeutung zu. Also sorgt sowohl die unverhältnismäßig negative Bewertung als auch das übermäßige Verantwortungsgefühl des Zwangskranken dafür, daß ein solch belastender Gedanke eher aufrechterhalten wird. Deshalb läßt der Zwangskranke eine Entschuldigung wie „das kann eben mal passieren" für sich nicht gelten.

Der Versuch, den Gedanken endlich zu vergessen – das können andere Gedanken sein, ein gedankliches Ritual, das sich der Patient zurechtgelegt hat, oder aber auch Zwangshandlungen – wird als *Neutralisieren* bezeichnet. Ein solches Ritual stellt aber für den kognitiven Apparat nur einen weiteren Hinweis dafür dar, daß es sich um einen bedeutsamen Gedanken handelt. Dadurch wird der Zwangsgedanke schließlich noch weiter stabilisiert. Diese Beobachtungen haben vor allem für die Erklärung von Zwangsgedanken und deren Stabilisierung Bedeutung erlangt. Wichtig für den Patienten ist aber überdies, daß das Modell auch praktische Hilfe zur Therapie von Zwangsgedanken darstellt (siehe Kapitel V.1.). Diese blieben durch eine reine Verhaltensmodifikation meist unbeeinflußt.

Abschließend muß noch darauf hingewiesen werden, daß es neben der Lerntheorie noch andere psychologische Krankheitsmodelle für Zwangsstörungen gibt. Daß das lerntheoretische Konzept (zusammen mit Modifikationen für den kognitiven Bereich) hier vorgestellt wurde, liegt darin begründet, daß es sich – gemessen an den Erfolgen der Verhaltenstherapie – bislang als ein sehr plausibles Konzept erwiesen hat.

4. Ethologische Aspekte der Zwangskrankheit

Eine Reihe von Tätigkeiten wie Kontrollieren, Sammeln oder bestimmte Reinigungsrituale erinnern an Verhaltensmuster, wie sie durchgängig auch im Tierreich zu beobachten sind. Zusammen mit der Tatsache, daß auch sehr komplexe Verhaltensweisen bei Zwangskranken oft mit einer erstaunlichen Konformität ablaufen, hat dies zu der Vermutung geführt, daß es sich dabei um *entwicklungsgeschichtlich alte, präformierte Programme* im Gehirn handelt. Diese sind – so die Theorie – im Laufe der Stammesgeschichte nicht verschwunden, sondern in niederen Gehirnzentren des sogenannten Stammhirns erhalten geblieben. Beim Menschen werden diese fixierten Bewegungsmuster von höheren Zentren kontrolliert bzw. sind als Teilstrukturen in komplexere Verhaltensweisen integriert worden. Fällt die Kontrollfunktion der höheren Zentren weg oder wird das Zusammenspiel verschiedener Gehirnzentren gestört, können die alten Programme isoliert ablaufen, ohne daß der Sinn des Handlungsablaufes erkennbar wird.

Das am häufigsten in diesem Zusammenhang untersuchte Verhalten bei Tieren ist die sogenannte *Übersprungshandlung*. Das ist eine Reaktionsweise, die beim Tier dann einsetzt, wenn es zwischen zwei widerstreitenden, gleichrangigen Zielen in Konflikt gerät und keinen Ausweg mehr findet.

Wenn der Hunger beispielsweise einen Vogel einerseits zur Nahrungsaufnahme zwingt, er aber andererseits gleichzeitig von einem Feind bedroht wird, fängt er an, sich das Gefieder zu putzen. Diese völlig unangemessene Verhaltensweise ist die Übersprungshandlung: Sie macht in dem konkreten Handlungszusammenhang keinen Sinn; einmal begonnen, läuft die Handlung nach einem fixierten Aktionsmuster, also automatisch ab; die Übersprungshandlung wird ständig wiederholt, ein Ende tritt nur ein, wenn ein stärkerer Antrieb da ist oder der ursprüngliche Konflikt aufgehoben wird. Eine Variante stellt das Verhalten von ursprünglich frei lebenden Tieren dar, wenn sie im Zoo gehalten werden. Die Stereotypien, die diese Tiere an den Tag legen, beinhalten Kratzen, sich an den eigenen Haaren ziehen, Masturbieren oder auch sehr komplexe, merkwürdige Bewegungsmuster wie unmotiviertes Auf- und Ablaufen.

Weil sie unangemessen sind, automatisch ablaufen, sich ständig wiederholen und Ähnlichkeit mit Reinigungsritualen, Kontrollieren und Sammeln haben, gelten Übersprungshandlungen – mit Einschränkungen – als Tiermodell für Zwangshandlungen. Zudem ist beobachtet worden, daß in manchen Situationen Übersprungshandlungen durch Clomipramin, eine Substanz, die zur Behandlung der Zwangskrankheit verwendet wird, gedämpft werden können. Insgesamt gibt es aber hierzu eine ganze Reihe sehr widersprüchlicher pharmakologischer Befunde, die keine einheitliche Interpretation zulassen. Der Charakter der bedrohlichen Situation paßt überdies nicht für alle Zwangshandlungen. Während das Tier von außen bedroht wird, befürchten Zwangskranke nicht selten, sie selbst seien eine Bedrohung für ihre Umwelt. Übersprungshandlungen beinhalten außerdem – so unsinnig sie in der gegebenen Situation auch sind – stets einen kommunikativen Aspekt. Sie können zum Beispiel Droh-, Balz- oder Beschwichtigungscharakter haben. Zwangshandlungen kommt indessen kein kommunikativer Wert in der sozialen Gruppe zu. Sie werden im Gegenteil sogar eher bewußt vor anderen Menschen geheimgehalten.

Unabhängig von einem gültigen Tiermodell für Zwangshandlungen ist versucht worden, diejenigen Grundmuster zu identifizieren, innerhalb derer sich im Laufe der Evolution aus urspünglich sinnvollen Handlungseinheiten unsinnige Stereotypien entwickelt haben könnten.

Das *Prinzip der territorialen Abschirmung* ist offenbar ein solches Grundmuster, das in der Lage ist, einige zwanghafte Rituale als Relikte vormals sinnvoll angelegter Verhaltensweisen zu erklären. Die Verteidigung des eigenen Lebensraumes ist ein phylogenetisch altes Programm. Die Annäherung an Artgenossen und Feinde findet nicht beliebig, sondern nach genau vorgeschriebenen Regeln statt. Körperliche Absonderungen spielen zur Markierung territorialer Grenzen und zur Erkennung von Artgenossen oder Feinden eine wichtige Rolle. Ein entscheidender Einschnitt, was den Problemkreis von Nähe und Distanz zu anderen Menschen betrifft, hat in der Entwicklung der Menschheitsgeschichte beim Übergang vom alleinlebenden Jäger und Sammler zu gemeinsamen Ansiedlungen stattgefunden. Die problemlose Integration dieses Entwicklungsschrittes ist offenbar noch nicht durchgängig bei allen Menschen möglich. Sie fühlen sich nur wohl, wenn Distanzen eingehalten werden, wenn die Grenzen gegenüber ihren Mitmenschen klar definiert sind. So könnte die Unfähigkeit mancher Menschen, etwa im engen Zusammenleben zurechtzukommen, im Rahmen dieser Theorie interpretiert werden. Zwangsrituale entstehen dann, wenn die Grenzen des eigenen Territoriums von anderen Menschen überschritten werden bzw. die Integrität des eigenen Lebensraumes erhalten werden muß.

Bei Waschzwängen ist es oftmals nicht eigentlich die Angst vor Schmutz, Bakterien oder Verunreinigungen, die die vielfältigen Säuberungsaktionen in Gang setzt. Es fällt auf, daß manche Zwangskranke damit vielmehr eine Art geschützten Bezirk verteidigen. So darf dann ein bestimmtes Zimmer im Haus nicht verunreinigt werden. Oder es ist bloß ein Bett oder ein Stuhl, die auf jeden Fall „reingehalten" oder „freigehalten" werden müssen. Da den Patienten bewußt ist, daß sie keine Angst vor Beschmutzung im konkreten Sinn haben, ist ihnen ihr Verhalten um so unverständlicher. Die Argumentation, dies diene der Reinigung oder dem Schutz vor Anstekkung, ist dann eine für das soziale Umfeld ersonnene Rationalisierung, von der sie aber selbst wissen, daß sie nicht der eigentliche Grund ist. Das erklärt auch, warum manche dieser Kranken im Hinblick auf die persönliche Hygiene oder andere allgemeine Sauberkeitsstandards oft keineswegs besonders penibel sind. Man kann im Gegenteil beobachten, daß ein Patient oder seine Wohnung verdreckt ist, während ein Körperteil oder eine Stelle der Wohnung exzessiv gesäubert wird. Überhaupt ist der Wunsch, Verschmutzung oder Ansteckung zu vermeiden, ein oft den Waschzwängen rational unterschobenes Argument. Hört man den Patienten genau zu, so liegt mitunter eine ganz andere Motivation zugrunde. So steht bei manchen Waschzwängen nicht die Angst, sich zu beschmutzen, im Vordergrund, sondern vielmehr die Angst, Spuren von sich selbst zu hinterlassen. Von einer Patientin wird berichtet, daß sie die Waschprozeduren vornahm aus Sorge, sie könne überall den eigenen Schweiß verteilen.

Später bezog sich ihre Beunruhigung zusätzlich auf Auscheidungen (Urin) oder Schamhaare. Diese Begründung ist auch hinsichtlich des Wunsches nach territorialer Grenzziehung interessant, spielt doch im Tierreich das Absondern von Sekreten zur Markierung von Grenzen eine entscheidende Rolle.

Nach der hier vorgestellten Theorie von Zwängen als phylogenetisch alten, in unseren Gehirnstrukturen teilweise noch gespeicherten Programmen werden auch andere Zwangsformen in diesem Sinne interpretiert. Das gilt beispielsweise für das Horten und Sammeln. Es handelt sich danach um instinktives Verhalten, das auf die vorgeschichtliche *Periode der Jäger und Sammler* zurückgeht. Das Horten erfolgt in der Regel ziel- und wahllos. Bevorzugte Sammelobjekte können oft gar nicht genannt werden. Die Patienten treibt nicht der Wunsch, dieses oder jenes zu sammeln, sondern vielmehr die vage Befürchtung, irgend etwas Wichtiges könne beim Wegwerfen verlorengehen. Das heißt, entscheidend ist oft nicht, was oder wieviel gesammelt wird, sondern das Sammeln an sich. Die Tätigkeit selbst scheint Erleichterung zu verschaffen. Daß der Ablauf der Zwangshandlung selbst und nicht das Erreichen irgendeines Zieles dem Kranken Erleichterung bringt, kann als Abspulen eines vorprogrammierten Handlungsablaufes interpretiert werden.

Schließlich werden die übersteigerte Aufmerksamkeit (*Hypervigilanz*) *und* die *Unfähigkeit* des Zwangskranken, seine *Aufmerksamkeit* von unwichtigen Dingen und Informationen *zu lösen*, ebenfalls als ein entwicklungsgeschichtliches Relikt interpretiert. Die für die Urmenschen im wesentlichen feindliche Umgebung verlangte eine ständige Überwachung, die sofortige Bereitschaft, für gefährliche, lebensbedrohliche Zwischenfälle gerüstet zu sein. Eine solche auf die konkrete Umgebung gerichtete Aufmerksamkeit ist unter den modernen Lebensbedingungen unnötig und offenbar sogar störend. Vor diesem Hintergrund wird einerseits das bei manchen Zwangskranken anzutreffende Zählen von Objekten in der Umgebung oder das Kategorisieren von gleichfarbigen Gegenständen als ein Mittel interpretiert, um die Aufmerksamkeit wach zu halten. Dieses alte Programm kommt ungehindert zum Vorschein, weil vermutlich höhere Zentren, die beim Gesunden für eine angemessene Fokussierung der Aufmerksamkeit sorgen, geschädigt sind.

Andererseits können innerhalb dieses Modells auch Ordnungszwänge erklärt werden. Sie ermöglichen dem Zwangskranken, die vielfältigen Reize seiner Außenwelt (die mangels einer sinnvoll gerichteten Aufmerksamkeit unselektiert eintreffen) in ein Gerüst einzuordnen. Das reduziert die Unberechenbarkeit und schafft die Sicherheit, die diese Kranken offenbar brauchen. Ein solches Programm kann, wenn es denn fälschlich unkontrolliert abläuft, sich auch auf Informationen beziehen, die intern im Bewußtsein entstehen, ohne daß ihnen ein äußerer, konkreter Reiz entspräche. So läßt sich erklären, daß auch ohne jeglichen Außenreiz Zwangsrituale in Gang gesetzt werden.

Wichtig ist es festzuhalten, daß im Rahmen dieser ethologischen Betrachtungsweise Beobachtungen gemacht worden sind, die es für manche Zwangsformen unwahrscheinlich machen, daß sie ganz allein aus den biographischen Erfahrungen des Individuums entstanden sind. Bestimmte Grundmuster kommen so regelhaft vor, daß es *überindividuelle Mechanismen* sein müssen, die dem zugrunde liegen. Die Ähnlichkeiten ziehen sich durch verschiedene Kulturen, und sie gelten auch zwischen den verschiedenen Altersgruppen: Zwangssymptome können in den Vereinigten Staaten und China, bei Erwachsenen und Kindern sehr ähnlich aussehen.

Es ist, darauf wurde bereits im vorangegangenen Kapitel aufmerksam gemacht, nicht immer Angst, die einen Zwangspatienten zu seinem Tun treibt. Damit entfällt die Möglichkeit, ein solches Tun (halbwegs) rational zu erklären. Mit einem Satz wie „Ich habe Angst vor Ansteckung" kann häufiges Händewaschen (auch der Umgebung) noch plausibel erklärt werden. Das Verhalten erscheint dann allenfalls als etwas übertrieben. Dies könnte aber auch eine lediglich nachgeschobene Erklärung sein, falls der Patient sein Handeln irgendwie vernünftig einordnen möchte. Denn ein Satz wie „Ich tue das einfach und weiß nicht warum" läßt eine solche plausible Erklärung nicht mehr zu. Ein solches Eingeständnis deutet darauf hin, daß hier tatsächlich nur eine Bewegungskette abgespult wird, die keinerlei Sinn hat. Versteht man diese als bloßes Kreisen von Nervenerregungen, dann wird verständlich, warum sich der Bewegungsablauf irgendwann einfach erschöpft. Es war kein rational irgendwie faßbarer Grund, der die Nervenerregungen in Gang gesetzt hat, und deshalb gibt es auch kein sinnvolles Ziel, mit dessen Erreichen der Handlung ein Ende gesetzt werden kann. Das könnte verständlich machen, warum mancher Zwangspatient nach seinem Ritual eher Erschöpfung oder allenfalls eine gewisse Erleichterung empfindet, jedoch nicht das Gefühl hat, sinnvoll eine Handlungsabfolge zu Ende gebracht zu haben.

5. Zwangshandlungen und Gedächtnisstörungen

Zwangskrankheiten stellen eine so heterogene Gruppe von Erkrankungen dar, daß zur Erklärung der jeweiligen Besonderheiten auch ganz unterschiedliche Krankheitsmodelle notwendig werden. Anhand von Kontrollzwängen ist in neuerer Zeit ein Krankheitsmodell entwickelt worden, das diese Untergruppe von Zwangshandlungen als *Gedächtnisstörung* interpretiert.

Dabei geht man davon aus, daß unser Gedächtnis arbeitsteilig organisiert ist. Es gibt innerhalb des Gesamtgedächtnisses Untersysteme, die für die Erinnerung spezifischer Informationen und Erfahrungen zuständig sind. Ein wichtiger Unterschied dieser Subsysteme besteht darin, daß Handlungen, die als Bewegung, also *motorisch* abgelaufen sind, besser erinnert werden als Tätigkeiten, die lediglich über Sehen, Hören oder die bloße Vorstellung, also *sensorisch* wahrgenommen wurden. Man nennt dies den *Vorteil des „Tu-Effekts"* oder den *„Handlungsüberlegenheitseffekt"*. Es ist wahrscheinlich, daß Informationen aus unserem Bewegungsapparat spezifische Gedächtnisspuren hinterlassen, die für diesen Überlegenheitseffekt mitverantwortlich sind.

Ausgangspunkt für die These, daß gerade Patienten mit Kontrollzwängen hier charakteristische Defizite aufweisen könnten, war die Beobachtung, daß diese Kranken häufig sensorische Informationen (z.B. genau hinschauen) benutzen, um sich von ihrer Kontrollhandlung, etwa das Zudrehen eines Wasserhahns, zu überzeugen. Offenbar hinterläßt bei ihnen der motorische Vollzug der Handlung keine ausreichende Gedächtnisspur, so daß sie sich auf diesen Erinnerungsteil nicht genügend verlassen können. Sie müssen deshalb andere – zum Beispiel visuelle – Erinnerungen besonders aktivieren.

Diese Vermutung konnte durch empirische Untersuchungen bestätigt werden. Die sehr detailreichen und präzisen Beobachtungen bei den Patienten mit Kontrollstörungen machen deutlich, daß ihr charakteristisches Defizit in einer Beeinträchtigung der motorisch-kinästhetischen Verarbeitungsprozesse liegt. Dies betrifft die Signale, die von der Haut und dem Bewegungsapparat über Berührungen und Bewegungen an höhere Zentren im Gehirn übermittelt werden. Daraus resultiert unter anderem, daß es diesen Zwangskranken schwerfällt, zwischen der Erinnerung an tatsächlich vorgenommene Handlungen und lediglich vorgestellten Handlungen zu unterscheiden. Ein solcher Patient fragt sich deshalb: „Habe ich den Wasserhahn zugedreht (den Schlüssel umgedreht, das Bügeleisen ausgeschaltet), oder habe ich mir nur vorgestellt, es zu tun?" Die ständige Wiederholung ein und desselben Bewegungsablaufs bei der Kontrollhandlung wird dahingehend interpretiert, daß der Patient versucht, diese spezifische Bewegungserfahrung doch noch nutzbar zu machen, was dem Gesunden schon nach einmaligem Handlungsablauf gelingt. Aus den vorausgehenden Erläuterungen wird indessen verständlich, daß ihm dies beim Wiederholen ebensowenig gelingen kann wie beim ersten Bewegungsvorgang.

Die Interpretation von Kontrollstörungen als Gedächtnisstörung kann – darauf soll schon an dieser Stelle aufmerksam gemacht werden – auch für eine effektivere Therapie von Kontrollzwängen nutzbar gemacht werden. Sich die Kontrollhandlung stärker bewußt zu machen, indem man etwa mit geschlossenen Augen und sehr langsam den Wasserhahn zudreht, ist ersten Beobachtungen zufolge offenbar eine erfolgreiche Methode, die Ergebnisse der eher schwierigen Behandlung von Kontrollzwängen zu verbessern. Außerdem wird vorgeschlagen, daß diese Patienten zusätzlich über Verfahren der Bewegungs- und Leibtherapie lernen, ihre Körperwahrnehmung zu schulen.

Das, was die Kranken als eine Störung der Vergewisserung erleben, die fehlerhafte Verarbeitung motorischer Handlungsabläufe, kann mit einer Störung der Interaktion zwischen Stirnhirn und Basalganglien korreliert werden. Die Interpretation von Kontrollstörungen als Gedächtnisstörung paßt deshalb nicht nur zu den bereits erläuterten neurobiologischen Beobachtungen bei Zwangskranken. Eine derartig differenzierte Betrachtungsweise belegt zugleich eindrucksvoll, daß auf diese Weise nicht nur immer detailreichere Einblicke in die pathologischen Mechanismen der Zwangskrankheit möglich werden, sondern daß damit auch für die Patienten meßbare Verbesserungen, was den Behandlungserfolg angeht, verbunden sind.

6. Psychoanalytisches Verständnis der Zwangskrankheit

Der psychoanalytische Erklärungsansatz sieht in der Zwangskrankheit eine Form der *Neurose*. Entsprechend den der Neuroseentstehung zugrundeliegenden theoretischen Vorstellungen liegt der Ursprung des zwanghaften Verhaltens in der frühen Kindheit. Zwangshandlungen und Zwangsgedanken sind als *Abwehrmechanismen* gegen unbewußte Impulse zu verstehen. Entscheidend ist die *anale Phase* (zweites bis drittes Lebensjahr), in welcher die Sauberkeitserziehung eine wesentliche Rolle spielt. Das Kind verteidigt seine Ausscheidungen und gerät in Konflikt mit den Wünschen der Mutter, deren Erwartungen es durch „Abgeben" seiner Ausscheidungen auch erfüllen will. Das Kind macht in dieser Phase wesentliche Fortschritte, was die *Beherrschung motorischer Abläufe* betrifft. Der Problematik von Geben und Nehmen sowie von Selbstbeherrschung und Selbstbestimmung kommt in dieser Phase große Bedeutung zu. Typisch für diese Zeit ist die sogenannte „Trotzphase", in der die Grenzen der Selbstbestimmung des Kindes ausgetestet werden. Überzogene Sauberkeitsanforderungen der Eltern und übertrieben strenge Erziehung können Aggressionen und Frustrationen beim Kind hervorrufen. Werden diese Konfliktsituationen nicht adäquat verarbeitet, können belastende Ereignisse im späteren Leben zum Ausbruch von neurotischen Kompensationsmechanismen führen. So wird zum Beispiel der *Waschzwang* als *„symbolisches Reinwaschen von schuldhaft erlebten Sexual- und Aggressionswünschen"* interpretiert.

Diese sehr verkürzte Wiedergabe der psychoanalytischen Hypothese zur Entstehung der Zwangskrankheit kann nicht im einzelnen die zum Teil sehr subtilen Erläuterungen einer

ganzen Reihe wichtiger psychoanalytischer Schulen wiederge-
ben. Gerade für die Patienten sind solche Erklärungen nicht
unattraktiv. Sie können dadurch ihre Krankheitssymptome
logisch aus früheren Ereignissen ableiten und stehen nicht
länger vor dem Unbegreiflichen ihres Tuns. Aber trotz dieser
oft sehr differenzierten Erklärungsmodelle waren bis heute
psychoanalytisch orientierte Therapieversuche bemerkenswert
wenig erfolgreich. Obwohl die Zwangspatienten unter Umständen hinsichtlich anderer Symptome von einer psychoanalytischen Psychotherapie profitierten, gelten die Zwangshandlungen bzw. Zwangsgedanken selbst als ausgesprochen
resistent gegen psychoanalytische Interventionen.

Dies ist mit ein Grund dafür, warum die Zwangskrankheit
letztlich für viele Jahrzehnte als unheilbares Leiden galt. Verhaltenstherapeutische Behandlungsmaßnahmen und Psychopharmaka haben sich bei der Therapie der Zwangskrankheit
als ungleich erfolgreicher erwiesen. Diese therapeutischen
Strategien sollen deshalb im folgenden auch vergleichsweise
ausführlich dargestellt werden.

V. Therapeutische Optionen:
Wie kann man eine Zwangskrankheit behandeln?

In den Berichten über die Behandlung von Zwangskranken klingt nicht selten große Hoffnung, wenn nicht sogar Euphorie an. Das liegt nicht daran, daß es für alle Zwangsformen wirksame und heilsame Behandlungsmethoden gibt. Die Therapieerfolge sind letztendlich nicht besser als bei der Behandlung anderer psychiatrischer Erkrankungen auch. Jahrzehntelang blieben Zwangskrankheiten jedoch praktisch unbeeinflußbar. Erst als die vergeblichen Therapieversuche der psychoanalytisch orientierten Psychotherapien durch Verhaltenstherapie und medikamentöse Behandlung abgelöst wurden, konnte erstmals von einem durchschlagenden Therapieerfolg bei Zwangskrankheiten die Rede sein. Daraus nährt sich die Hoffnung, endlich auf dem richtigen Weg zu sein, wenn es darum geht, noch bessere Behandlungsverfahren oder noch wirkungsvollere Medikamente zu entwickeln. Von einer Ideallösung sind die beiden wichtigsten und vielversprechendsten Therapieansätze, die Verhaltenstherapie und die medikamentöse Behandlung mit Antidepressiva – den Selektiven Serotonin-Wiederaufnahmehemmern sowie dem Clomipramin –, noch weit entfernt. Die Gründe dafür und auch Ansätze für bessere Problemlösungen sollen noch detailliert erörtert werden.

Es muß indessen schon vorab betont werden, daß es sich nicht um konkurrierende Verfahren handelt. Der unproduktive – lediglich ideologisch begründete – Streit, ob nun Verhaltenstherapie oder medikamentöse Therapie besser wirksam ist, erscheint aus wissenschaftstheoretischen wie auch aus ganz pragmatischen Gründen nicht sinnvoll. Beide Therapiestrategien leiten sich – wie oben dargestellt – aus plausiblen theoretischen Modellen ab. Aber noch wichtiger für den Patienten ist die Tatsache, daß empirische Untersuchungen zur Wirksamkeit dieser Verfahren überzeugende Hinweise dafür erbracht haben, daß beide Verfahren allen anderen Behandlungsansätzen überlegen sind. Eine Polarisierung – hier Verhaltenstherapie und dort medikamentöse Behandlung – ist lediglich geeignet, Verwirrung zu stiften. Inzwischen konnte sogar nachgewiesen werden, daß eine erfolgreiche medikamentöse Therapie die gleichen Veränderungen in bestimmten Hirnstrukturen hervorruft wie die Verhaltenstherapie. Derartig überzeugende Nachweise einer offensichtlich gleichsinnigen Wirkungsweise im Gehirn sollten eine Frontenbildung überflüssig machen. Es wird in Zukunft eher darauf ankommen, Patientengruppen zu definieren, die von einer bestimmten medikamentösen Therapie, einer bestimmten Form der Verhaltenstherapie oder einer Kombination von beiden am besten profitieren. Die noch ungelösten Probleme, was den Heilerfolg bei besonderen Formen der Zwangskrankheit betrifft, eröffnen hier ein wichtiges Gebiet einer an rationalen Ergebnissen und nicht an ideologischen Vorurteilen orientierten Therapieforschung.

Therapien müssen indessen nicht allein nach objektiven Kriterien maßgeschneidert sein, sondern zusätzlich subjektive Gründe berücksichtigen. Das bedeutet, daß der Arzt herausfinden muß, was der Patient eigentlich wünscht. Die Motivation des Patienten ist entscheidend am Behandlungserfolg mitbeteiligt. Die Entscheidung für die eine oder andere (oder mehrere) Therapieformen ist indessen – das haben Untersuchungen aus anderen Gebieten der Psychiatrie nachweisen können – nicht frei von Vorurteilen und Mißverständnissen. Die irrige Annahme, nur ein „tiefen"psychologisch-analytisches Verfahren ginge den Ursachen der Zwänge wirklich „auf den Grund", ist nicht selten. Das wird schon allein sprachlich suggeriert. Damit einher geht das Vorurteil, Verhaltenstherapie bestehe „lediglich" aus Übungen, und bei der Pharmakotherapie schlucke der Patient „nur" Tabletten. Implizit heißt das gerade für den Laien, nur durch psychoanalytische Therapie könne man sich „gründlich" oder „für immer" von den Zwängen befreien. Verhaltenstherapie und Pharmakotherapie würden hingegen nur oberflächlich an den Symptomen herumdoktern.

Gemessen an wissenschaftlichen und wissenschaftstheoretischen Grundsätzen ist das falsch. Über die „wahren" Ursachen einer Zwangserkrankung kann derzeit niemand Auskunft geben. Deshalb ist es lediglich erlaubt, von Modellen zu sprechen, die eine Erklärung dafür bieten, wie eine Zwangskrankheit *funktioniert*, beziehungsweise was bei einer Zwangskrankheit im Unterschied zum Normalzustand nicht mehr funktioniert. Die den gestörten Prozessen zugrundeliegenden Mechanismen können in einem solchen Zusammenhang psychisch oder biologisch interpretiert werden, je nachdem, welche Seite der Medaille man betrachtet. Wie hilfreich eine solche Funktionsanalyse dieser gestörten Prozesse ist, erweist sich einerseits an der Plausibilität ihres wissenschaftlichen Begründungszusammenhangs und andererseits am Erfolg – das ist in diesem Fall der Behandlungserfolg.

Die Ausführungen des vorangegangenen Kapitels haben den wissenschaftlichen Begründungszusammenhang von Verhaltenstherapie und Pharmakotherapie erläutert. Die folgenden Erläuterungen gelten den Therapiegrundsätzen und dem Behandlungserfolg beider Verfahren. Das sollte jedem Patienten verdeutlichen, daß er nicht „nur übt" und nicht „nur Tabletten schluckt", wenn er sich für die eine oder andere Behandlung entscheidet. Diese Entscheidung ist wohlüberlegt, wohlbegründbar und sicherlich nicht „bequemer" als eine tiefenpsychologische Therapie. Gerade die Pharmakotherapie im Bereich der Psychiatrie sieht sich immer wieder dem Vorwurf ausgesetzt, Arzt und Patient machten es sich lediglich bequem.

Aber ganz abgesehen von der Tatsache, daß eine medikamentöse Therapie immer nur Teil eines Gesamtbehandlungsplanes sein kann, sollte auch das folgende Argument bedacht werden: Gerade im Hinblick auf die Therapie mit Clomipramin oder Selektiven Serotonin-Wiederaufnahmehemmern kann der zu erwartende Therapieerfolg für den Patienten einschneidende Veränderungen bedeuten. Jahrelang belasteten ihn die Zwänge, jetzt besteht die Aussicht, daß nach mehreren Wochen eine dramatische Besserung eintreten kann. Nicht jeder Patient ist bereit, sich auf dieses mögliche Risiko einzulassen. Das soll keineswegs als Mißachtung des jahrelangen Leidens eines Zwangskranken verstanden werden. Selbstverständlich ersehnt ein Zwangspatient, ohne die Zwänge zu leben. Andererseits ist das ganze Leben in der Regel bereits durch die Zwangskrankheit geprägt. Zum Teil wurden Kompromisse gefunden, mit denen der Patient sich gut arrangieren konnte. Es ist mitunter äußerst schwierig, innerhalb eines so festgefügten Systems Veränderungen durchzusetzen. Nicht selten kommt es gerade dann zu Therapieabbrüchen, wenn sich die ersten Veränderungen tatsächlich abzeichnen. Die Unsicherheit, wie stark die durch die Medikamente hervorgerufene Veränderung sein wird, läßt sich nicht im vorhinein ausräumen. Der Patient muß sie überwinden. Wer sich vor Augen führt, wie wichtig gerade für den Zwangspatienten die gewohnten Ordnungen sind, kann abschätzen, wie schwer es mitunter sein kann, sich auf die Therapie einzulassen. Überdies tun sich Zwangspatienten ohnehin schwer, Hilfe – auch die eines Therapeuten – anzunehmen. Sie entschließen sich dazu oft erst nach einem jahrelangen Leidensprozeß oder dann, wenn die Zwangssymptomatik extrem belastend geworden ist. Man könnte daher durchaus darüber spekulieren, ob mancher Patient nicht sehr viel Mut aufbringt, wenn er sich für eine medikamentöse Therapie entscheidet. Er muß ja mit einer vergleichsweise raschen Wirkung rechnen (wie immer die auch aussehen mag). Sich beispielsweise auf eine langdauernde tiefenpsychologische Psychotherapie einzulassen, beinhaltet schließlich eher die Möglichkeit, sich den allmählich einsetzenden Veränderungen durch Therapieabbruch zu entziehen*. Die Entscheidung für eine – was den unter Umständen raschen Erfolg betrifft – nicht beeinflußbare medika-

---

* Das soll nicht heißen, daß Patienten nicht auch aus anderen Gründen Vorbehalte gegenüber einer medikamentösen Behandlung empfinden können. Undefinierbare Ängste vor der „Chemie" oder davor, negativen Nebenwirkungen ausgesetzt zu sein, gehören ebenso dazu wie das Unverständnis darüber, wie bei einem so komplexen Krankheitsgeschehen Medikamente überhaupt helfen sollen.

mentöse Therapie sollte jedenfalls nicht leichtfertig als „bequem" abqualifiziert werden.

1. Verhaltenstherapie/Kognitive Therapie

Die Verhaltenstherapie der Zwangskrankheit besteht im wesentlichen aus zwei Behandlungsschritten. Im ersten Teil kommt es darauf an, daß sich der Zwangskranke derjenigen Situation aussetzt, die bei ihm Angst oder Unbehagen hervorruft (*Konfrontation* bzw. *exposure*). In einem zweiten Schritt geht es darum, das Zwangsritual, das durch die entsprechende Situation in Gang gesetzt wird, konsequent zu verhindern (*Reaktionsverhinderung* bzw. *response prevention*). Konfrontiert mit Verschmutzung, die normalerweise das Waschritual auslöst, übt der Zwangspatient, das Waschen bewußt zu unterlassen. Er erwartet, daß dann, wenn er sich nicht wie gewohnt reinigen kann, seine Angst (oder Unruhe) unerträglich werden wird. Mit Hilfe der Exposition soll er lernen, daß die Angst zwar zunächst noch steigen kann. Er wird jedoch die Erfahrung machen, daß sie sich irgendwann auf einem bestimmten Niveau einpendeln wird. Danach nimmt die Angst sogar wieder ab. An diesen Verlauf soll sich der Patient gewöhnen. Durch ständige Wiederholung wird die Angst schließlich abgeschwächt, sie erreicht nicht mehr die Intensität wie bei der allerersten Expostion. Der Patient erlebt so ganz konkret, daß die Angst, auch wenn er sein Zwangsritual nicht vornimmt, nicht steigt oder die von ihm befürchtete Katastrophe nicht eintritt. Der Lernvorgang, der aus einem ursprünglich neutralen Stimulus einen Angst auslösenden (konditionierten) Stimulus gemacht hat, wird somit umgekehrt. Das ist der Kern jeder Verhaltenstherapie.

Einfache Beispiele sind der Patient mit Waschzwang, der zunächst möglichst lange in einer Situation ausharrt, in der er sich beschmutzt (Exposition). Sodann wird er angehalten, das Waschritual während der folgenden zwei oder drei Stunden nicht vorzunehmen (Reaktionsverhinderung). Oder ein Patient mit Kontrollzwängen, der fürchtet, auf seinen Autofahrten jemanden angefahren zu haben: Er darf nach einer Autofahrt (Exposition) seine üblichen Kontrollfahrten auf derselben Strecke nicht wiederholen (Reaktionsverhinderung). In der Regel ist die Situation jedoch nicht so einfach beschreibbar.

Kontrollzwänge werden meist in der häuslichen Umgebung ausgelöst. Das verlangt entweder, daß der Therapeut sich dort hinbegibt, oder daß die Situation in der Praxis möglichst exakt in der Vorstellung des Patienten durchgespielt wird, so daß er mit entsprechenden Handlungsanweisungen zu Hause konkret üben kann. Ist der Therapeut anwesend, fällt es einem Patienten mit Kontrollzwang in der Regel leichter, auf seine Kontrollen zu verzichten. Das kann fälschlich ein Gelingen der Therapie suggerieren. Der Patient gibt indessen nur die Verantwortung an den Therapeuten ab. Zu Hause hat er jedoch niemanden mehr, an den er Verantwortung delegieren könnte. Die Therapieerfolge in der Praxis oder während des gemeinsamen Übens müssen dann nochmals eigens von dem Patienten umgesetzt werden, was in der Regel nicht so leicht fällt.

Nicht selten existieren die angstauslösenden Stimuli lediglich in der Phantasie des Patienten: Wenn ich dies oder jenes nicht mache, kommt es zu einer Katastrophe auf der Autobahn, zu einem Flugzeugunglück, oder mein Kind wird verletzt. Die Exposition ist dann auch nur in der Vorstellung möglich. Folgt auf diese Zwangsvorstellungen eine konkrete Handlung, so muß auch hier die Reaktion konsequent verhindert werden. Das besondere Problem reiner Zwangsgedanken soll später besprochen werden.

Unzureichend für einen nachhaltigen Therapieerfolg ist es, wenn der Therapeut die Handlung (sich zum Beispiel nur einmal die Hände zu waschen nach Kontakt mit Schmutz) lediglich vorführt, der Patient sozusagen am richtigen Modell lernen soll. Wenig hilfreich sind offenbar auch Entspannungsmaßnahmen. Das gilt für Relaxationstechniken ebenso wie für angstlösende Medikamente oder Alkohol. Entspannung reduziert zwar die Angstgefühle. Das allein reicht aber nicht aus, den positiven Kreislauf des Umlernens in Gang zu setzen. Wenn Ängste auftreten, muß der Patient sie ausgehalten haben, damit er konkret erlebt, daß die Angst von selbst aufhört. Manche Verhaltenstherapeuten setzen bewußt eine starke Exposition ein, um einen deutlichen Angstanstieg zu provozieren. Es ist nämlich beobachtet worden, daß derartige Angstspitzen am schnellsten auch wieder eine Gegenreaktion auslösen, die Ängste dann also vergleichsweise rasch wieder nachlassen.

Die Verhaltenstherapie kann in einer Klinik oder ambulant in der Praxis eines Therapeuten stattfinden. Prinzipiell besteht auch die Möglichkeit, daß ein Patient anhand von Anleitungen aus Selbstbehandlungsmanualen Exposition und Reaktionsverhinderung allein oder mit einem Laienhelfer vornimmt. Wie im einzelnen vorzugehen ist, muß von Fall zu Fall entschieden werden und ist Sache des ärztlichen oder psychologischen Verhaltenstherapeuten. Auch die für den Therapieerfolg sehr wichtigen Fragen der Motivierung des Patienten, des Arzt-Patienten-Verhältnisses, des therapeutischen Settings, können an dieser Stelle nicht erörtert werden. Was spezielle Fragen zum Therapieablauf angeht, sei deshalb auf die entsprechende Fachliteratur zur Verhaltenstherapie verwiesen. Im Rahmen dieses Buches kommt es vielmehr darauf an, ein grundlegendes Verständnis für die Prinzipien der Therapie der Zwangskrankheit und die in ihrer theoretischen Konzeption begründeten Probleme zu wecken.

Obwohl die Verhaltenstherapie erst in den letzten Jahren zunehmend an Popularität und Einfluß gewinnt, ist sie kein neues Therapieprinzip. Der Pariser Psychiater Pierre Janet hat bereits im vorigen Jahrhundert die Exposition des Zwangskranken als therapeutisches Prinzip beschrieben und angewandt. Darüber hinaus gibt es Zeugnisse anderer Autoren, die mit Methoden aus dem Repertoire der Verhaltenstherapie Zwangskranke behandelt haben. Deshalb stellt sich die Frage, warum die Grundprinzipien der Verhaltenstherapie nicht schon früher häufiger angewendet worden sind. Es wird vermutet, daß sie sich gegen die Konkurrenz des um dieselbe Zeit formulierten psychoanalytischen Erklärungsmodells von

Sigmund Freud zunächst nicht durchsetzen konnten. Die Zwangsthematik eignete sich hervorragend, um die theoretischen Vorstellungen von der Entstehung neurotischer Verhaltensweisen zu erklären. Themen wie Verschmutzung (auch im übertragenen, sexuellen Sinne), Ängste, andere zu verletzen oder der Zwang, alles immer wieder kontrollieren zu müssen, scheinen wie geschaffen, um sie aus einer problematischen frühkindlichen psychosexuellen Entwicklung herzuleiten. Obwohl dem psychoanalytischen Modell die therapeutischen Erfolge versagt blieben, dominierte es zunächst die Therapie der Zwangskrankheiten.

Erst in den sechziger Jahren konnte sich das therapeutisch ungleich erfolgreichere Konzept der Verhaltenstherapie durchsetzen. Einige Mißverständnisse, die Verhaltenstherapie betreffend, haben sich jedoch bis heute gehalten. Sie resultieren aus überholten und falschen Vorstellungen, die – jedenfalls zum Teil – Relikte der psychoanalytischen Theorie sind.

Dazu gehört der Einwand, daß anstelle des nach der Therapie erloschenen Zwangsrituals ein *Ersatzritual* entsteht. Dies resultiert aus der Annahme, daß dem zwanghaften Verhalten ein unbewußter Konflikt zugrunde liegt. Solange dieser Vorstellung zufolge der Patient den Konflikt nicht analytisch aufgearbeitet hat, bedarf er jedenfalls irgendeines Zwangsrituals, um der unbewußten Impulse Herr zu werden. Im Rahmen eines solchen Modells ist es nur folgerichtig anzunehmen, daß der Patient ein neues Ritual braucht, wenn das alte „lediglich" wegtrainiert wurde. (Im Prinzip wird dieser Einwand natürlich nicht nur gegen die Verhaltenstherapie der Zwangskrankheit, sondern gegen die Verhaltenstherapie generell erhoben.) Untersuchungen bei verhaltenstherapeutisch behandelten Patienten haben gleichwohl keinen Anhalt für dieses sich dennoch hartnäckig behauptende Vorurteil erbracht.

Eine zweite Fehlannahme betrifft die Einschätzung der Gefährlichkeit einer Unterbindung des Zwangsrituals. Da das Zwangsverhalten gemäß der psychoanalytischen Theorie einen Abwehrmechanismus darstellt, der unbewußte, unangenehme Impulse daran hindert, bewußt zu werden, könnte aus dem Unterlassen des Zwangsrituals für den Patienten eine unerträgliche Angst resultieren. Die aus vielen Jahren der Anwendung verhaltenstherapeutischer Regime stammenden empirischen Befunde widerlegen auch diese Annahme. Im Einzelfall kann die mitunter durchaus belastende Therapie dem Patienten in bestimmten Phasen äußerste Anstrengung abverlangen. Jedoch sind bislang keinerlei langfristige oder bleibende Störungen beobachtet worden.

Ein weiteres Mißverständnis betrifft die Behandlung von Zwangsgedanken. Welches Verhalten soll abtrainiert werden, wenn die Zwänge im Kopf stattfinden? Tatsächlich sind Zwangsgedanken – aber das gilt nicht nur für die Verhaltenstherapie – nicht einfach zu behandeln. Es gibt im Rahmen der Verhaltenstherapie verschiedene Möglichkeiten, Zwangsgedanken anzugehen. Dazu zählen das Verfahren der *Sättigung* und des *Gedankenstops*:

Die Sättigung ist eine Art Dauerexposition. Der unangenehme Gedanke (nicht jedoch ein Gedanke, der selbst ein Ritual zur Angstvermeidung darstellt) wird so lange wiederholt, bis eine Gewöhnung (*Habituation*) eintritt. Das ist daran erkennbar, daß die Begleitreaktionen, die sonst auftreten (Unruhegefühl, Schwitzen, Zittern, Herzklopfen) schwächer werden oder ganz verschwinden. Die Wiederholung des Zwangsgedankens kann durch ständiges Abschreiben, Abhören eines zuvor auf Band gesprochenen Textes oder durch andauerndes Sich-Vorsprechen des Patienten selbst vorgenommen werden.

Der Gedankenstop arbeitet mit der willkürlichen Unterdrückung des Zwangsgedankens. Der Patient muß sich zunächst mit dem Zwangsgedanken konfrontieren. Der Therapeut oder der Patient selbst unterbricht dann die Gedankenkette durch ein laut gerufenes „Stop" oder ein anderes Geräusch.

Beide Verfahren sind nicht unumstritten. Vom Standpunkt der Lerntheorie ist nur schwer zu erklären, wie es zu der erhofften Verbesserung kommen soll. Offenbar stärkt es das Gefühl, Kontrolle über die Zwangsgedanken ausüben zu können, wenn sie ständig willkürlich hervorgerufen werden, kontrolliert wiederholt werden vom Medium Tonband oder über das geschriebene Wort (Sättigung), oder zumindest der Versuch gemacht werden kann, sie willkürlich zu unterbrechen (Gedankenstop). Der Patient kann so die Erfahrung machen, Kontrolle über zuvor unkontrollierbare Gedanken zu erlangen. Auch der therapeutische Nutzen dieser Verfahren ist fraglich. Insgesamt gilt, daß bei der Behandlung von reinen Zwangsgedanken den Patienten längst nicht so gut geholfen werden kann, wie dies ganz allgemein für die Behandlung der übrigen Zwangsformen gilt.

Schwierigkeiten bei der Behandlung bereitet auch die Unterscheidung, ob der Zwangsgedanke Angst erzeugt, oder ob er seinerseits bereits ein Ritual darstellt, mit dem die ganz woanders herrührende Angst beschwichtigt werden soll. Der Gedanke, jemanden zu verletzen, anzustecken oder zu überfahren, kann zunächst Angst auslösen. Die mehrmalige Wiederholung desselben Gedankens kann jedoch dazu dienen, die Angst zu reduzieren, ihm seine unangenehme Wirkung zu nehmen. Die Wiederholung selbst wird zum Ritual, um den Gedanken zu neutralisieren (man könnte hier fast von einer selbsterzeugten Sättigung sprechen). Insofern kann man bei der Behandlung von Zwangsgedanken eigentlich Exposition und Vermeidungsverhalten durch Ritualisierung nicht immer klar trennen. Zudem ist es bei Zwangsgedanken überhaupt schwierig, die Exposition zu realisieren. Soll der Patient den Gedanken laut aussprechen? Soll die gedachte Situation nachgestellt oder in anderer Form konkretisiert werden? Offenbar wird die Konfrontation mit Gedanken an eine Gefährdung anderer verbessert, wenn die vom Patienten als gefährliche Waffe eingeschätzten Gegenstände ihm konkret vorgelegt werden. Zur Behandlung von Zwangsgedanken durch Verhaltenstherapie gibt es noch viele offene Fragen. Die geringere Erfolgsrate sollte jedoch nicht vorschnell als ein Argument gegen die Anwendung verhaltenstheoretischer Strategien bei Zwangsgedanken verstanden werden. Immerhin stellen Zwangsgedanken für *alle* Behandlungsformen ein schwieriges Problem dar.

Gewisse Fortschritte verspricht man sich von der Einbeziehung kognitiver Elemente in die Therapie. Hier gilt es, die

kognitiven Mechanismen, die den Zwangsgedanken aufrechterhalten, zu unterbrechen. Wie bereits im vorangegangenen
Kapitel erörtert wurde, muß zum einen die negative Bewertung des Gedankens verhindert werden. Zum anderen ist es
wichtig, das Gefühl zu unterbrechen, für alle möglichen Schäden, die andere Menschen davontragen können, die alleinige
Verantwortung übernehmen zu müssen. Allerdings wird auch
die Einbeziehung kognitiver Elemente in die Therapie von
Zwangsgedanken kontrovers beurteilt.

Was die Behandlungserfolge der Verhaltenstherapie angeht, so gibt es recht unterschiedliche Angaben. Es werden
Besserungsraten von 50 bis 85 Prozent angegeben. Die unterschiedlichen Erfolgsraten resultieren zum einen daher, daß
hinsichtlich der Definition des Behandlungserfolges ungleiche
Maßstäbe angelegt werden. Eine vollkommene Heilung wird
eher selten beobachtet. Verbesserungen können zwar objektiv
danach beurteilt werden, wie stark die Symptome, das Ritual-
verhalten oder die Zwangsgedanken zurückgegangen sind.
Wie sehr damit tatsächlich für den Patienten eine subjektive,
für ihn spürbare Veränderung einhergeht, ist damit nicht zu
erfassen. Braucht ein Patient mit Waschzwang nur noch die
Hälfte der Zeit für seine Reinigungsrituale, so kann dies hinsichtlich der Verbesserung im sozialen Bereich – weil er privat
oder beruflich zeitlich stark entlastet wird – einen großen
Fortschritt bedeuten. Gehen hingegen Zwangsgedanken
quantitativ stark zurück, so wird das mitunter überhaupt
nicht als Verbesserung empfunden. Dies ist besonders dann
der Fall, wenn die Bedrohung, die von dem Gedanken aus-
geht, als ausgesprochen belastend und quälend empfunden
wird. Quälende Zwangsgedanken werden offenbar selbst
dann als erhebliche Beeinträchtigung empfunden, wenn sie
nur noch selten auftreten. Inzwischen gibt es Skalen, die auch
die subjektive Einschätzung berücksichtigen, und somit eine
bessere Bewertung dieser Aspekte erlauben.

Dennoch ist allgemein davon auszugehen, daß es durchschnittlich 60 bis 70 Prozent der Zwangspatienten schon nach
relativ kurzer Behandlungszeit deutlich besser geht. Sieht man

dies im Licht früherer, doch in der Regel erfolgloser Behandlungsversuche, so wird besonders deutlich, welch einen Fortschritt die Verhaltenstherapie in der Behandlung der Zwangskrankheiten gebracht hat. In der Regel sind diese Behandlungserfolge auch von Dauer. Verschiedene Untersuchungen kamen zu dem Ergebnis, daß bis zu 80 Prozent der (mit unterschiedlichem Erfolg behandelten) Patienten auch ein Jahr und länger nach der Therapie anhaltend gebessert sind. Man geht davon aus, daß der Zwangskranke durch die Übungen für sein weiteres Leben auch ohne die Unterstützung des Therapeuten eine Art Selbstbehandlungskompetenz erwirbt. Er kann immer wieder auf ein Repertoire von Verhaltensweisen zurückgreifen, das ihm die Bewältigung aufkommender Zwangsimpulse ermöglicht. Zudem erhält der Patient mit jeder Situation, in der es ihm wieder gelungen ist, das Zwangsritual zu vermeiden, das positive Feedback, daß sich die unangenehmen Gefühle nicht einstellen.

Ob es bestimmte Rituale gibt, die besser oder schlechter auf verhaltenstherapeutische Optionen ansprechen, ist bislang nicht eindeutig zu beantworten. Es gibt Hinweise, daß Waschzwänge leichter zu beeinflussen sind als Kontrollzwänge. Diese wiederum sind günstiger anzugehen als reine Zwangsgedanken. Was den Erfolg verhaltenstherapeutischer Maßnahmen bei zwangskranken Kindern angeht, so gibt es lediglich Einzelfallberichte, keine umfassenden Untersuchungen. Danach können Kinder ähnlich erfolgreich behandelt werden wie Erwachsene. Zu berücksichtigen ist, daß die Therapie oftmals mehr Zeit in Anspruch nimmt, eher stationär vollzogen werden sollte und die Familie stärker einzubinden ist. Kinder neigen besonders dazu, die Eltern mit einzubeziehen. Überdies gelingt es Kindern und Heranwachsenden seltener als Erwachsenen, zumindest manche Lebensbereiche von der Zwangskrankheit unbeeinflußt zu halten.

Bei etwa einem Viertel der Zwangskranken bleibt die Verhaltenstherapie erfolglos. Die Gründe hierfür sind unklar. Allerdings sind Faktoren bekannt, die einen eher ungünstigen Therapieverlauf erwarten lassen. Dazu zählen Patienten, die zusätzlich an einer schizotypischen Persönlichkeitsstörung leiden. Solche Patienten neigen zu Argwohn und Mißtrauen und leben häufig sozial isoliert. In bezug auf die Denkstörungen weisen sie zwar nicht alle Merkmale einer Schizophrenie auf. Sie haben jedoch auch häufig Beziehungsideen, das heißt, sie beziehen auch von ihnen völlig unabhängige Geschehnisse und Handlungen anderer Menschen auf sich selbst. Depersonalisationsgedanken, das sind Zweifel, ob Handlungen, Empfindungen oder Gedanken tatsächlich authentisch zum eigenen Ich gehören, kommen bei solchen Patienten ebenfalls vor.

Patienten, die zwar nicht eine derartig ausgeprägte Persönlichkeitsstörung aufweisen, denen jedoch die Einsicht in die Sinnlosigkeit ihrer Zwangssymptome fehlt, haben ebenfalls eher ungünstige Erfolgsaussichten, was die Verhaltenstherapie betrifft.

Es wurde bereits erwähnt, daß Zwangsgedanken und Kontrollzwänge im Vergleich zu Waschzwängen schwieriger zu behandeln sind. Durch den verstärkten Einsatz kognitiver Elemente (vgl. S. 74) hofft man, diese Probleme künftig erfolgreicher angehen zu können.

Auch eine Depression steht der Wirksamkeit einer Verhaltenstherapie entgegen. Dies stellt ein nicht seltenes Problem dar, da Zwangskranke sehr häufig unter depressiven Verstimmungen leiden. Deshalb sollte vor Beginn der Therapie zunächst die Depression behandelt werden.

Die Verhaltenstherapie ist nur ein psychotherapeutisches Verfahren unter vielen. Wegen der Therapieerfolge und der Bedeutung, die sie im Rahmen der Behandlung von Zwangskrankheiten gewonnen hat, ist sie hier als einziges psychotherapeutisches Verfahren vergleichsweise ausführlich dargestellt worden. Das heißt indessen nicht, daß die Anwendung anderer Psychotherapieverfahren in der Behandlung von Zwangskrankheiten keinen Platz hätte. Ziel einer integrierten Therapie ist vielmehr eine Vernetzung derjenigen Anteile verschiedener Psychotherapiemethoden, die sich bei der Behandlung von Zwangskranken als hilfreich erwiesen haben. Das gilt natürlich auch für tiefenpsychologische Verfahren.

2. Pharmakotherapie

Clomipramin und selektive Serotonin-Wiederaufnahmehemmer

Die moderne Pharmakotherapie der Zwangskrankheit begann mit antidepressiv wirkenden Substanzen. In der Vergangenheit wurde Zwangskranken eine Vielzahl von Antidepressiva verordnet. Das geschah in Ermangelung einer auch nur halbwegs erfolgversprechenden anderen Therapie und war gerechtfertigt durch die häufig mit der Zwangskrankheit vergesellschafteten Depressionen. Ende der sechziger Jahre tauchten erstmals Berichte über einzelne Therapieerfolge mit dem Antidepressivum *Clomipramin* auf. Clomipramin ist ein *trizyklisches Antidepressivum* und gehört damit zu einer Gruppe von Substanzen, die bereits Jahre vorher erfolgreich zur Behandlung depressiver Patienten genutzt worden waren. Man machte zum einen die Beobachtung, daß nur Clomipramin, jedoch kein anderes trizyklisches Antidepressivum Zwangssymptome wirkungsvoll lindern konnte. Zum anderen hat man erkannt, daß durch die übrigen Antidepressiva zwar die depressive Verstimmung des Zwangskranken gebessert wird, nicht indessen die Zwangssymptomatik selbst. Und schließlich verbessert Clomipramin auch bei nicht depressiven Zwangskranken die Symptome. Das ließ vermuten, daß die Substanz Clomipramin über ein besonderes Wirkpotential verfügen muß, das über die antidepressiven Eigenschaften hinausgeht.

Diese spezifische Wirkweise wurde als Eingriff in den Serotoninstoffwechsel identifiziert. Die Substanz wirkt als Serotonin-Wiederaufnahmehemmer. Das bedeutet, daß am Ende eines Nervenfortsatzes der Transport des Serotonins zurück in die Nervenzelle blockiert wird. Inzwischen konnte der Aufbau derjenigen Eiweißstrukturen, an denen die Blockade der Serotonin-Wiederaufnahme stattfindet, aufgeklärt werden. Es handelt sich um ein sogenanntes Transporterprotein. Es ist vergleichbar mit einer Kette, deren Glieder aus einzelnen Aminosäuren bestehen und die sich mehrfach durch die Nervenzellmembran hindurchschlängelt. Dadurch entstehen diesseits und jenseits der Membran dreidimensionale Strukturen, sogenannte Domänen, deren Funktion unter anderem darin besteht, die Serotoninmoleküle zu erkennen und für ihren Rücktransport in die Zelle zu sorgen.

Die Blockade der Serotonin-Wiederaufnahme bewirkt zunächst, daß mehr Serotonin an den Nervenenden zur chemischen Übertragung elektrischer Impulse zur Verfügung steht. Wie bereits in Kapitel IV. 1. erläutert wurde, ist dieser kurzfristige Effekt der Blockade der Wiederaufnahme nicht allein für die therapeutischen Wirkungen verantwortlich. Noch gehen die Vorstellungen, in welcher Weise eine Störung im Serotoninsystem zu Zwangssymptomen führen könnte, über Spekulationen nicht hinaus. Außerdem konnten noch nicht alle neurobiologischen Befunde in ein einheitliches Konzept integriert werden. Deshalb wird auch der Wirkmechanismus der Serotonin-Wiederaufnahmehemmer erst teilweise verstanden. Dennoch ist es sinnvoll, daß sich ein Großteil der neurobiologischen Forschung zur Entwicklung besserer, wirkungsvollerer Medikamente auf das Serotoninsystem konzentriert. Ganz offensichtlich sind hier die größten Fortschritte in der Pharmakotherapie der Zwangskrankheit zu erwarten.

Denn die Veränderung des Serotoninsystems ist offenbar eine unabdingbare Voraussetzung für den therapeutischen Erfolg bei der Behandlung Zwangskranker. Versuche, über eine alleinige Modifizierung zahlreicher anderer Transmittersysteme die Krankheit zu beeinflussen, sind bisher erfolglos geblieben. Es gibt zwar Hinweise, daß die Kombination von Serotonin-Wiederaufnahmehemmern mit Medikamenten, die andere Neurotransmitter beeinflussen, hilfreich sein könnte (siehe unten). Das heißt indessen nur, daß auch komplexe Interaktionen des Serotoninsystems mit weitern Transmittersystemen zu berücksichtigen sind. Durch eine isolierte Behandlung mit diesen alternativen Substanzen erreicht man jedoch nicht annähernd die Therapieerfolge wie mit Serotonin-Wiederaufnahmehemmern. Bei keiner anderen psychiatrischen Krankheit ist bisher eine so charakteristische Wirkung einer einzelnen Substanzklasse beobachtet worden. Das unterstützt die These, daß in der Aufklärung der Dysfunktion des Serotoninstoffwechsels der Schlüssel zum Verständnis der biologischen Bedingungen der Zwangskrankheit liegt.

In Deutschland finden außer Clomipramin noch drei spezifische Serotonin-Wiederaufnahmehemmer Verwendung. Diese relativ neuen Mittel sind erst seit einigen Jahren erhältlich. Es handelt sich um die Substanzen *Fluoxetin, Fluvoxamin* und *Paroxetin.* * Detailinformationen zu allen Präparaten sind gesondert aufgeführt (siehe Tabelle 4, 5, 6, 7). Während Clomipramin zusätzlich die Rückaufnahme von Noradrenalin verhindert sowie einige Rezeptoren in verschiedenen Transmittersystemen blockiert, entfalten die drei anderen Substanzen ihre therapeutische Wirkung fast ausschließlich über die Hemmung der Wiederaufnahme des Serotonins. Sie werden deshalb als sogenannte *selektive Serotonin-Wiederaufnahmehemmer (selective Serotonin-reuptake inhibitors = SSRI)* bezeichnet.

Alle vier Substanzen sind auch wirksame Antidepressiva. Als solche sind sie zunächst verwendet worden. Um einen Effekt auf Zwangsverhalten oder Zwangsgedanken zu erzielen, bedarf es zu Beginn der Therapie einer erheblich höheren Dosis als zur Behandlung einer Depression. Während die antidepressive Wirkung nach etwa zwei bis vier Wochen eintritt, kann es acht bis zehn Wochen dauern, ehe die Zwangssymptome auf die Behandlung ansprechen. Es gibt Hinweise, daß der Wirkungseintritt unter Clomipranin schneller erfolgt als unter selektiven Serotonin-Wiederaufnahmehemmern.

Was die *Nebenwirkungen* der Therapie angeht, ist Clomipramin von den selektiven Serotonin-Wiederaufnahmehemmern zu unterscheiden. Unter Clomipramin sind häufig Mundtrockenheit, Verstopfung, Müdigkeit, Zittern an Händen oder Füßen, Sehstörungen durch Beeinträchtigung der Pupillenbewegungen, Störungen der Sexualfunktion, Schwindel, schnellerer Herzschlag und Blutdruckabfall zu beobachten. Diese Neben-

---

* Bei Drucklegung ist ein weiterer selektiver Serotonin-Wiederaufnahmehemmer, das *Citalopram*, in Deutschland zugelassen worden, allerdings erstreckt sich die Zulassung noch nicht auf die Behandlung von Zwangskrankheiten.

Tabelle 4: Clomipramin*

Substanzklasse:	Trizyklisches Antidepressivum
Wirkweise:	Ausgeprägte Hemmung der Wiederaufnahme des Serotonins; das Abbauprodukt Desmethylclomipramin hemmt zusätzlich die Wiederaufnahme des Neurotransmitters Noradrenalin
Dosierung:	Empfohlen wird, mit einer Regeldosis von 150 Milligramm pro Tag zu beginnen; empirische Untersuchungen haben gezeigt, daß höhere Dosen wirksamer sind; Die Tagesdosis kann auf 250 Milligramm erhöht werden; spricht die Therapie nicht an, ist es ratsam, vor einer weiteren Dosiserhöhung zu überprüfen, ob auch tatsächlich wirksame Konzentrationen der Substanz im Blut erreicht werden. Nach Ansprechen der Therapie kann die Dosis wieder verringert werden
Nebenwirkungen:	Mundtrockenheit; Sehstörungen (Schwierigkeiten von Nah- auf Fernsehen umzuschalten); Verstopfung; Harnverhalten; Blutdruckabfall; Herzrasen; Übelkeit; Schwindel; Schweißausbrüche; Kopfschmerzen; Schlafstörungen; Störungen der Sexualfunktion
Gegenanzeigen:	Clomipramin ist verboten (= absolute Kontraindikation) bei: Akuten Vergiftungen durch Alkohol, Schlafmittel, Schmerzmittel und Psychopharmaka; Harnverhalt; Augendruckerhöhung (Glaukom). Clomipramin ist nur in Ausnahmefällen erlaubt (= relative Kontraindikation) bei: Prostatavergrößerung; schweren Leber-und Nierenerkrankungen; Herzkrankheiten; erhöhter Anfälligkeit für Epilepsie; aus Sicherheitsgründen sollte sowohl vor als auch nach der Behandlung mit Clomipramin ein Abstand von zwei Wochen zur Verordnung eines MAO-Hemmers eingehalten werden

* im Handel erhältlich als Anafranil® und Hydiphen®

Tabelle 5: Fluoxetin*

F_3C — [benzene ring] — O—CH—CH_2—CH_2—NH—CH_3 with a phenyl ring attached to the CH.

Substanzklasse:	Selektiver Serotonin-Wiederaufnahmehemmer (SSRI)
Wirkweise:	Selektive Hemmung der Wiederaufnahme des Serotonins; das Abbauprodukt Norfluoxetin hemmt ebenfalls die Serotonin-Wiederaufnahme; andere Transmittersystem bleiben unbeeinflußt; Fluoxetin hat keine sedierenden und keine anticholinergen Eigenschaften
Dosierung:	60 Milligramm pro Tag (damit muß Fluoxetin zur Therapie einer Zwangskrankheit etwa dreimal so hoch dosiert werden wie zur Therapie einer Depression); Tageshöchstdosis 80 Milligramm
Nebenwirkungen:	Besonders zu Beginn der Therapie sind Appetitlosigkeit, Übelkeit bis zum Erbrechen häufig; Unruhe, Angst- und Erregungszustände sowie Kopfschmerzen und Schlafstörungen treten vor allem bei höheren Dosierungen auf; bei Diabetikern besteht die Gefahr der Unterzuckerung, daher sind bei diesen Patienten häufigere Blutzuckerkontrollen notwendig; Rhythmusstörungen und Zunahme der Beschwerden bei Morbus Parkinson werden selten beobachtet; zu berücksichtigen ist auch, daß Fluoxetin die Nebenwirkungen von anderen Psychopharmaka (Lithium, Diazepam, Trizyklische Antidepressiva und Neuroleptika) steigern kann; die beruhigende Wirkung von Buspiron wird abgeschwächt; SSRI können zu Ejakulationsstörungen führen
Gegenanzeigen:	Fluoxetin ist verboten (= absolute Kontraindikation) bei: Akuten Vergiftungen durch Alkohol, Schlafmittel, Schmerzmittel und Psychopharmaka; in Kombination mit MAO-Hemmern (MAO-Hemmer sollten 14 Tage vor und nach der Behandlung mit Fluoxetin abgesetzt werden); Fluoxetin darf nicht mit tryptophanhaltigen Arzneimitteln kombiniert werden; Fluoxetin ist nur in Ausnahmefällen erlaubt (=relative Kontraindikation) bei: Prostatavergrößerung; schweren Leber- und Nierenerkrankungen; erhöhter Anfälligkeit für Epilepsie

* im Handel erhältlich als Fluctin®

Tabelle 6: Fluvoxamin*

$$F_3C-\text{C}_6H_4-\underset{\underset{O-CH_2-CH_2-NH_2}{|}}{\overset{\overset{\displaystyle C}{\|}}{\underset{N}{}}}-CH_2-CH_2-CH_2-CH_2-O-CH_3$$

Substanzklasse:	Selektiver Serotonin-Wiederaufnahmehemmer (SSRI)
Wirkweise:	Selektive Hemmung der Wiederaufnahme des Serotonins; andere Transmittersysteme bleiben unbeeinflußt; Fluvoxamin hat keine sedierenden und keine anticholinergen Eigenschaften
Dosierung:	250—300 Milligramm pro Tag; die Therapie sollte allerdings einschleichend mit 50 Milligramm am Tag begonnen werden
Nebenwirkungen:	Besonders in der Anfangsphase der Therapie sind Appetitlosigkeit, Übelkeit bis zum Erbrechen häufig; Unruhe, Angst- und Erregungszustände sowie Kopfschmerzen und Schlafstörungen treten vor allem bei höheren Dosierungen auf; unter Fluvoxamin erhöhen sich die Konzentrationen des Beta-Blockers Propanolol, der gerinnungshemmenden Substanz Warfarin sowie diejenigen der trizyklischen Antidepressiva, weshalb bei diesen Substanzen eine Anpassung der Dosis vorgenommen werden muß; SSRI können zu Ejakulationsstörungen führen
Gegenanzeigen:	Fluvoxamin ist verboten (= absolute Kontraindikation) bei: Akuten Vergiftungen durch Alkohol, Schlafmittel, Schmerzmittel und Psychopharmaka; in Kombination mit MAO-Hemmern (MAO-Hemmer sollten 14 Tage vor und nach der Behandlung mit Fluoxetin abgesetzt werden); Fluoxetin darf nicht mit tryptophanhaltigen Arzneimitteln kombiniert werden; Fluvoxamin ist nur in Ausnahmefällen erlaubt (= relative Kontraindikation) bei: Prostatavergrößerung; schweren Leber- und Nierenerkrankungen; erhöhter Anfälligkeit für Epilepsie

* im Handel erhältlich als Fevarin®

Tabelle 7: Paroxetin*

Substanzklasse:	Selektiver Serotonin-Wiederaufnahmehemmer (SSRI)
Wirkweise:	Selektive Hemmung der Wiederaufnahme des Serotonins; Paroxetin hat schwache anticholinerge Eigenschaften; andere Transmittersysteme bleiben weitgehend unbeeinflußt; eine Sedierung tritt nicht auf
Dosierung:	20–30 Milligramm pro Tag; Tageshöchstdosis 50 Milligramm, bei älteren Patienten 40 Milligramm;
Nebenwirkungen:	Besonders in der Anfangsphase der Therapie sind Appetitlosigkeit, Übelkeit bis zum Erbrechen häufig; Unruhe, Angst- und Erregungszustände sowie Kopfschmerzen und Schlafstörungen treten vor allem bei höheren Dosierungen auf; bei Kombination mit Mitteln zur Behandlung der Überproduktion von Magensäure (Cimetidin) oder Schlafmitteln (Barbiturate) und antiepileptischen Medikamenten (Phenytoin) können die Wirkkonzentrationen von Paroxetin im Blut absinken; die Aufnahme von Digoxin kann gehemmt, die von Warfarin kann gesteigert werden; deshalb sind entsprechende Anpassungen der Dosierung vorzunehmen; SSRI können zu Ejakulationsstörungen führen
Gegenanzeigen:	Paroxetin ist verboten (= absolute Kontraindikation) bei: Akuten Vergiftungen durch Alkohol, Schlafmittel, Schmerzmittel und Psychopharmaka; in Kombination mit MAO-Hemmern (MAO-Hemmer sollten 14 Tage vor und nach der Behandlung mit Fluoxetin abgesetzt werden); Fluoxetin darf nicht mit tryptophanhaltigen Arzneimitteln kombiniert werden; Paroxetin ist nur in Ausnahmefällen erlaubt (= relative Kontraindikation) bei: Prostatavergrößerung; schweren Leber-und Nierenerkrankungen; erhöhter Anfälligkeit für Epilepsie; wegen der nur geringfügigen anticholinergen Eigenschaften bestehen bei erhöhtem Augeninnendruck (Glaukom) sowie bei Prostatavergrößerung nur relative Gegenanzeigen

* im Handel erhältlich als Seroxat®, Tagonis®

wirkungen gehen auf die sogenannten *anticholinergen Eigenschaften* des Clomipramins zurück. Damit sind Veränderungen am Neurotransmitter Acetylcholin gemeint, durch den zahlreiche vegetative Funktionen (Verdauung, Herz-Kreislauf-Regulation, Harnausscheidung u.a.) im Organismus reguliert werden. Deshalb sollte bei Patienten mit bestimmten Vorschädigungen dieser vegetativen Funktionen Clomipramin nicht verordnet werden. Das gilt etwa für Personen mit Herzschwäche, Herzrhythmusstörungen, erhöhtem Augeninnendruck oder Neigung zu Harnverhalt, beispielsweise bei Prostatavergrößerung. Diese Leiden könnten sich unter Clomipramin verschlimmern. Diese Einschränkung gilt ebenfalls für Epilepsiekranke, da trizyklische Antidepressiva auch Krämpfe auslösen können. Außerdem sind bestimmte Kontrolluntersuchungen der Leber, der Niere, des Herzens und des blutbildenden Systems in regelmäßigen Abständen notwendig. Eine ausführliche Erläuterung zum Verständnis der Nebenwirkungen von Psychopharmaka wird in dem Band „Psychopharmaka" der Reihe „C.H. Beck Wissen" gegeben. Auch bei der Besprechung der übrigen Psychopharmaka zur Behandlung der Zwangskrankheit wurden jeweils nur die wichtigsten Aspekte der Wirkungen und Nebenwirkungen herausgegriffen.

Selektive Serotonin-Wiederaufnahmehemmer sind keine trizyklischen Antidepressiva und weisen keine anticholinergen Eigenschaften auf. Die genannten Nebenwirkungen sind bei ihnen daher nicht zu befürchten. Als unerwünschte Begleiterscheinungen tritt – besonders zu Beginn der Therapie – Übelkeit, gelegentlich bis hin zum Erbrechen auf. Kopfschmerzen, Schlafstörungen, Angst- und Unruhezustände sowie Störungen der Sexualfunktion (Ejakulationsstörungen) sind vor allem bei hoher Dosis häufig. Bei Fluoxetin ist zu beachten, daß der Zuckerstoffwechsel beeinträchtigt werden kann. Bei Diabetikern sind deshalb häufige Blutzuckerkontrollen notwendig. Die Substanz kann (wenn auch selten) allergische Hautausschläge hervorrufen, die schwere allgemeine Krankheitsreaktionen nach sich ziehen können. In diesem Fall muß Fluoxetin sofort abgesetzt werden. Vermutungen, wonach es unter

Fluoxetin zu vermehrter Suizidneigung komme, treffen jedoch neuesten Analysen zufolge nicht zu. Für alle Substanzen gilt, daß sie bei Erkrankungen oder Vergiftungen des Zentralnervensystems nicht verabreicht werden dürfen.

Insgesamt sind die Nebenwirkungen der Serotonin-Wiederaufnahmehemmer für viele Patienten offensichtlich kein Grund, die Therapie abzubrechen. Die Abbruchraten liegen um die zehn Prozent für Clomipramin. Sogar dann, wenn bei höherer Dosierung mit stärkeren Nebenwirkungen zu rechnen ist, setzen die Patienten die Therapie fort. Das läßt vermuten, daß der Behandlungserfolg stärker zu Buche schlägt als die Nebenwirkungen.

Für die selektiven Serotonin-Wiederaufnahmehemmer liegen die Abbruchraten geringfügig höher als für Clomipramin. Bislang kann man nicht mit Bestimmtheit sagen, welcher der genannten Substanzen der Vorzug zu geben wäre. Alle haben sich bei der Pharmakotherapie der Zwangskrankheit als wirksam erwiesen. Vergleichstudien, welche Substanz die beste Wirkung erzielt, haben zu keinen eindeutigen Empfehlungen geführt. Sowohl Chlomipramin als auch Fluvoxamin und Paroxetin sind in Deutschland offiziell zur Behandlung der Zwangskrankheit zugelassen. Für Fluoxetin gilt die Zulassung als Mittel der zweiten Wahl, falls die anderen Substanzen nicht vertragen werden oder aus einem anderen Grund nicht verordnet werden können. Da Clomipramin die derzeit am besten untersuchte und am längsten bekannte Substanz ist, wird die Therapie in der Regel damit begonnen. Das gilt vor allem dann, wenn eine ausgeprägte Begleitdepression besteht. Davon ist jedoch abzusehen, wenn durch die zu erwartenden anticholinergen Wirkungen des Clomipramins vorbestehende Erkrankungen verschlimmert werden könnten. Da eine Wirkung frühestens nach etwa acht bis zehn Wochen zu erwarten ist, ist es nicht sinnvoll, vor Ablauf dieser Frist ein anderes Medikament einzusetzen. Dafür, daß ein Wechsel zu einem der anderen Serotonin-Wiederaufnahmehemmer hilfreich sein könnte, gibt es keine Beweise. Lediglich in Einzelfällen ist über den Nutzen eines solchen Wechsels berichtet worden.

Andere pharmakologische Therapiestrategien

Eine weitere Möglichkeit, eine unzureichende Therapie zu verbessern, besteht darin, die Wirkung der Serotonin-Wiederaufnahmehemmer durch andere Substanzen zu verstärken. Dazu kommen im wesentlichen folgende Medikamente in Frage:

Lithium

Lithiumsalze haben sich zur Verhütung von Rückfällen bei manisch-depressiv Kranken bewährt; über eine günstige Wirkung bei Zwangskranken gibt es nur wenige Berichte von der erfolgreichen Behandlung einzelner Patienten; der Nutzen von Lithium zusätzlich zur Therapie von Serotonin-Wiederaufnahmehemmern ist nicht bewiesen, kann aber im Einzelfall versucht werden.

Tryptophan

Tryptophan ist die Aminosäure, aus der der Körper Serotonin herstellt. Es wurde vermutet, daß durch Zusatz von Tryptophan die Wirkung von Antidepressiva bei der Behandlung der Depression verbessert werden kann. Es ist indessen nicht sicher, ob dieses Verstärkungsprinzip bei der Zwangskrankheit funktioniert. Unter Zugabe von Tryptophan bei einer Fluoxetintherapie ist es sogar zu toxischen Nebenwirkungen (Verschlechterung der Zwangskrankheit, Übelkeit bis zu Bauchkrämpfen und Durchfall, Bewußtseinsverlust) gekommen.

Buspiron

Buspiron ist eine angstlösende Substanz. Es vermittelt seine Wirkung als Serotoninagonist über den Serotonin-Rezeptor 5-HT1A, der sowohl prä- als auch postsynaptisch lokalisiert sein kann (näheres dazu in Kapitel IV. 1). Die Signalübertragung an serotoninhaltigen Nerven soll nach längerfristiger Behandlung mit Buspiron verstärkt werden. Es hat allein offenbar keinen Einfluß auf die Zwangssymptome. Es gibt jedoch Berichte, wonach eine Kombination mit Serotonin-Wiederaufnahmehemmern effektiv sein soll.

Clonazepam

Clonazepam ist ein Anxiolytikum (Angstlöser), allerdings ohne die serotonin-agonistischen Wirkungen des Buspirons. Es soll ersten Beobachtungen zufolge die Wirksamkeit des Fluoxetins erhöhen. Untersuchungen, die dies zu bestätigen suchen, sind derzeit im Gange. Im übrigen geht man jedoch davon aus, daß angstlösende Medikamente allein keine wirksame Therapie bei der Zwangskrankheit darstellen.

Clonidin

Clonidin ist ein seit langem bekanntes Medikament, das zur Regulation des Blutdrucks und beim Drogenentzug angewendet wird. Es gibt Hinweise, wonach besonders Zwangspatienten mit Tourette-Syndrom von Clonidin allein profitieren könnten. Kombinationstherapien mit der Substanz sind versucht worden, haben sich jedoch nicht bewährt.

Fenfluramin

Fenfluramin ist ein Appetitzügler. Entwickelt aus dem stimulierend wirkenden Amphetamin, hat es selbst jedoch keine aufputschenden Eigenschaften. Es hemmt einerseits die Serotonin-Wiederaufnahme, bewirkt andererseits aber auch eine Freisetzung von Serotonin aus den Speicherbläschen im Nervenfortsatz. Welche langfristigen Folgen dies für den Serotoninumsatz hat, ist noch nicht mit Bestimmtheit zu sagen. Bisherige Untersuchungen (mit allerdings sehr geringen Patientenzahlen) kamen zu dem Ergebnis, daß die Wirksamkeit von Serotonin-Wiederaufnahmehemmern durch zusätzlich verabreichtes Fenfluramin verbessert werden kann.

Nicht zum Zweck einer Potenzierung der Wirksamkeit von Serotonin-Wiederaufnahmehemmern, sondern als Alternativen zu diesen, wurden andere Psychopharmakagruppen bei Zwangskranken getestet.

MAO-Hemmer

MAO-Hemmer sind Antidepressiva, die ihre Wirkung über eine Hemmung des Enzyms Monoaminoxidase entfalten. Die

Monoaminoxidase sorgt unter anderem für den Abbau des Serotonins. Durch ihre Hemmung steht mehr Serotonin im synaptischen Spalt zur Verfügung. MAO-Hemmer sind bei der Zwangskrankheit nicht annähernd so wirksam wie Serotonin-Wiedeaufnahmehemmer. Ihr Einsatz wird lediglich dann befürwortet, wenn Therapieversuche mit verschiedenen Serotonin-Wiederaufnahmehemmern und deren Wirkpotenzierung durch andere Medikamente gescheitert sind. Es ist unbedingt darauf zu achten, daß erst eine gewisse Zeit (etwa zwei Wochen) nach dem Absetzen der Serotonin-Wiederaufnahmehemmer mit der Behandlung durch MAO-Hemmer begonnen werden darf. Sonst kann es über eine gefährliche Verstärkung der Wirkungen beider Substanzgruppen zu dem potentiell tödlich verlaufenden Serotonin-Syndrom kommen. Es ist gekennzeichnet durch Erregungszustände bis hin zur Bewußtseinstrübung, erhöhte Spannung der Muskulatur, Krämpfe und Zittern.

Neuroleptika

Neuroleptika werden zur Bekämpfung von Wahnsymptomen, vorwiegend bei schizophrenen Patienten, verwendet. Bei der Behandlung von Zwangskranken spielen sie in aller Regel keine Rolle. Sie blockieren die Rezeptoren einer ganzen Reihe verschiedener Neurotransmitter, vor allem jedoch Dopaminrezeptoren. In jüngster Zeit mehren sich die Hinweise, daß dem Dopamin bei bestimmten Formen der Zwangskrankheit oder verwandten Störungen ebenfalls eine Bedeutung zukommen könnte. Dopamin ist ein Neurotransmitter, der vor allem bei Patienten mit Tourette-Syndrom eine Rolle zu spielen scheint. Serotonin-Wiederaufnahmehemmer sind hier nicht wirksam. Vereinzelt wurde aber über günstige Effekte durch Neuroleptika berichtet. Das Neuroloeptikum *Risperidon* vereinigt in einer Substanz die Blockade von bestimmten Unterformen der Dopamin- und Serotoninrezeptoren. Erste ermutigende Resultate sind bei der Risperidonbehandlung von Kindern mit sprachlichen und motorischen Tics erzielt worden. Es wird deshalb vermutet, daß eine Untergruppe von Zwangspatienten möglicherweise von einer zusätzlichen Therapie mit Neuroleptika profitieren könnte. Da es gelegentlich Überschneidungen der Zwangserkrankung mit Krankheiten aus dem schizophrenen Formenkreis gibt, muß im Einzelfall überlegt werden, ob die schizophrenen Symptome nicht so im Vordergrund stehen, daß primär Neuroleptika verordnet werden sollten. Die zum Teil nicht unproblematischen Nebenwirkungen und Spätfolgen einer Neuroleptikatherapie können an dieser Stelle nicht im einzelnen behandelt werden. Auch hierfür sei auf die ausführliche Darstellung im Band „Psychopharmaka" der Reihe „C. H. Beck Wissen" hingewiesen.

Eine ganze Reihe weiterer Substanzen sind zur Therapie der Zwangskrankheit getestet worden. Opiatantagonisten und Psychostimulanzien wurden ebenso verwendet wie Medikamente zur Behandlung der Epilepsie und Hormone. Der Einsatz derartiger Substanzen ging jedoch über das Versuchsstadium nicht hinaus. Aussagekräftige Untersuchungen fehlen bislang. Die zum Teil neuartigen Ansätze belegen indessen, daß das Interesse an der neurobiologisch-pharmakologischen Erforschung der Zwangskrankheit in den letzten Jahren stetig gewachsen ist. Die bereits entdeckten, hoffnungsvollen Therapieansätze haben offenbar eine Lawine an Spekulationen ausgelöst. Künftig wird es darum gehen, die aus einzelnen Berichten gewonnenen Hinweise konsequent durch aussagekräftige Studien zu überprüfen.

Therapieerfolge

Die Pharmakotherapie der Zwangskrankheiten kann trotz aller Fortschritte noch längst nicht als befriedigend bezeichnet werden. Zwar sprechen zunächst insgesamt etwa 60 bis 80 Prozent der Patienten auf eine Therapie mit selektiven Serotonin-Wiederaufnahmehemmern oder Clomipramin an. Aber ebenso wie bei der Verhaltenstherapie kann auch bei der Pharmakotherapie nicht von einer kompletten Heilung gesprochen werden. Nur durchschnittlich etwa die Hälfte der Krankheitssymptome geht zurück. Dieser Wert stellt eine grobe Zusammenfassung aus zum Teil sehr unterschiedlichen Einzeluntersuchungen dar. Wie bereits bei der Verhaltenstherapie erläutert, kann auch ein quantitativ geringerer Rückgang der Symptome für den Patienten eine außerordentliche Entlastung bedeuten. In einer umfangreichen Untersuchung mit Clomipramin war nach einer ausreichend lang dauernden Behandlung mehr als die Hälfte der Kranken so weit gebessert, daß sie sich im Alltag überhaupt nicht oder nur geringfügig beeinträchtigt fühlten. Zudem sind in Einzelfällen auch erheblich größere Erfolge erzielt worden.

Ein Absetzen der Medikamente bewirkt in aller Regel einen Rückfall. In manchen Untersuchungen dauerte es Wochen, in anderen mehrere Monate, bis nach Absetzen der Medikamente die Zwangssymptomatik und deren Begleiterscheinungen wieder in vollem Umfang zurückkehrten. Andere Untersuchungen kommen zwar zu deutlich günstigeren Ergebnissen, was die Rückfallraten angeht. Eine Verschlechterung ist jedoch eher die Regel. Deshalb wird derzeit – sofern der Patient dies auch wünscht und verträgt – eine Fortsetzung der Therapie bis zu 18 Monaten, unter Umständen mit einer verringerten Dosis, empfohlen. Inzwischen konnte nachgewiesen werden, daß Patienten auch mit einer deutlich reduzierten Dosis beschwerdefrei bleiben. Ein wichtiger positiver Begleiteffekt der Dosisverringerung ist die Reduktion der Nebenwirkungen. Bislang gibt es noch nicht genügend Untersuchungen, die klären konnten, ob nach der Beendigung einer derart verlängerten Therapie die Rückfallquoten geringer sind.

Zum Teil ist die Frage nach der langfristigen Wirksamkeit von Clomipramin und selektiven Serotonin-Wiederaufnahmehemmern auch deshalb kaum zu beantworten, weil zusätzlich zur medikamentösen Therapie in der Regel auch eine Verhaltenstherapie empfohlen wird. Dabei geht man davon aus, daß die einmal erreichten Erfolge der Pharmakotherapie durch die Verhaltenstherapie aufrechterhalten werden (Selbstbehandlungskompetenz).

Einigen Untersuchungen zufolge haben beide Verfahren einen synergistischen Effekt. Das heißt, die Verhaltenstherapie verbessert die Wirksamkeit der Pharmakotherapie und umgekehrt. Deshalb sollte immer dann, wenn dies auch die Zustimmung des Patienten findet und im individuellen Fall möglich ist, eine Kombinationstherapie angestrebt werden.

Es wird in Zukunft darauf ankommen, diejenigen Gruppen von Zwangspatienten exakt zu identifizieren, die von der einen oder der anderen Behandlungsform oder einer Kombination von beiden am besten profitieren. Es gibt gute Gründe dafür anzunehmen, daß es Patientengruppen gibt, die unterschiedlich gut auf die eine oder andere Behandlungsform ansprechen.

– So existiert offenbar eine Unterform der Zwangskrankheit – insbesondere, wenn sie mit motorischen und sprachlichen Tics oder mit der komplexeren Störung des Tourette-Syndroms einhergeht –, die am ehesten mit einer differenzierten Pharmakotherapie behandelt werden sollte. Dabei kommt es entscheidend darauf an, eine Veränderung im Dopaminsystem mit zu berücksichtigen.

– Zwangskranke mit reinen Zwangsgedanken sind verhaltenstherapeutisch nur sehr schwer zu behandeln. Clomipramin hat sich bei der Behandlung auch reiner Zwangsgedanken als effektiv erwiesen.

– Für eine differenzierte und individuell angepaßte Behandlungsstrategie spricht auch die Tatsache, daß die Einflußfaktoren, die den Abbruch der Therapie zur Folge haben, für Verhaltenstherapie und Pharmakotherapie sich zumindest teilweise voneinander unterscheiden. Ganz allgemein gilt als ungünstig, wenn sich die Zwangskrankheit bereits in jungen Jahren entwickelt, bei Therapiebeginn schon lange andauert und chronisch verläuft, die Zwangsimpulse besonders häufig auftreten, der Patient zusätzlich an einer schizotypischen Persönlichkeitsstörung leidet und bereits viele Krankenhausaufenthalte hinter sich hat. Darüberhinaus gibt es jedoch Unterschiede: So sprechen beispielsweise depressive Patienten eher schlecht auf Verhaltenstherapie an – dies gilt aber nicht als ungünstiger Einflußfaktor für eine Pharmakotherapie. Im Gegenteil – eine antidepressive Therapie mit Clomipramin oder selektiven Serotonin-Wiederaufnahmehemmern ist dann sogar die Therapie der Wahl und die Besserung der Stimmung ist eine Vorbedingung vor Beginn der Verhaltenstherapie. Eine neuere Untersuchung hat ergeben, daß ein Nichtansprechen auf eine Pharmakotherapie – außer andern Faktoren – eher bei Patienten mit Waschzwängen beobachtet wird. Waschzwänge können indessen besonders gut verhaltenstherapeutisch angegangen werden.

– Schizotypische Persönlichkeitsstörungen gelten auch im Rahmen der Verhaltenstherapie als ungünstig. Neuere Untersuchungen, die den Einfluß von Persönlichkeitsstörungen auf den Erfolg verschiedener Serotonin-Wiederaufnahmehemmer analysiert haben, konnten nachweisen, daß Fluoxetin bei Zwangspatienten mit schizotypischer Persönlichkeit selbst dann noch wirksam ist, wenn andere Therapieversuche fehlgeschlagen sind. Es ist jedoch festzuhalten, daß Clomipramin und selektive Serotonin-Wiederaufnahmehemmer solche Zwänge, die als Begleitsymptomatik bei einer echten Schizophrenie vorkommen, in der Regel geringfügig beeinflussen können.

– Die häufigsten Fehlschläge bei der Verhaltenstherapie kommen offenbar durch mangelnde Compliance zustande. Das bedeutet, daß die Patienten die Therapieempfehlungen nicht einhalten oder in irgendeiner Form umgehen. Inwieweit eine zusätzliche Pharmakotherapie (die Therapieabbruchraten sind bei Serotonin-Wiederaufnahmehemmern äußerst gering) dieses Problem verringert, ist allerdings noch nicht eindeutig zu sagen.

Die genannten Beispiele verdeutlichen hinlänglich, wie sinnvoll die Suche nach einer optimalen Therapiestrategie für den individuellen Zwangspatienten ist. Künftige Forschungsanstrengungen müssen deshalb darauf gerichtet sein, eine maßgeschneiderte Pharmakotherapie und/oder Verhaltenstherapie für einzelne Untergruppen von Zwangskranken zu entwickeln. Die Erfolgskontrolle ist dabei weitgehend an einer Verbesserung des Beschwerdebildes ausgerichtet. In jüngster Zeit haben aber auch neurobiologische Untersuchungsmethoden bei der Analyse der Gehirnveränderungen von Zwangskranken nach einer erfolgreichen Therapie sehr wichtige und interessante Erkenntnisse beitragen können. Das gilt vor allem für die Untersuchungen der Nervenaktivität bestimmter Hirnregionen, die mit Hilfe der Positronenemissionstomographie (PET) gemessen werden kann. Im Einzelnen hat man dabei folgende interessante Beobachtungen gemacht:

– Untersuchungen nach einer erfolgreichen Pharmakotherapie haben ergeben, daß sich der Energieumsatz in denjenigen Gehirnregionen, die vorher eine vom Gesunden abweichende Reaktion aufwiesen, normalisiert hatte. Das betrifft vor allem Anteile des Stirnhirns sowie den Nucleus caudatus in den Basalganglien. Serotonin-Rezeptorantagonisten, die die biochemische Wirkung der Serotonin-Wiederaufnahmehemmer ins Gegenteil verkehren, haben bei den Kranken nicht nur erneut Zwangssymptome hervorgerufen. Sie haben im Gehirn auch wieder die bereits vor der Therapie beobachteten, vom normalen Befund abweichenden Veränderungen bewirkt.

– Darüber hinaus hat man bei derartigen Untersuchungen entdeckt, daß charakteristische Veränderungen in einer ganz bestimmten Gehirnregion mit einer positiven Reaktion auf die Therapie mit Clomipramin einhergehen. Vielleicht kann es in Zukunft gelingen, die Zusammenhänge zwischen verschiedenen Medikamenten oder verhaltenstherapeutischen Maßnahmen einerseits und dem Therapieerfolg andererseits durch derartig funktionelle Untersuchungen bestimmter Hirnregionen noch detaillierter aufzuklären. Damit stünde ein Instrument zur Verfügung, mit dessen Hilfe sich der Erfolg einer bestimmten Therapie für den individuellen Patienten sehr viel besser als jetzt vorhersagen ließe. Gerade die Möglichkeiten, die sich hier nicht allein für die Grundlagenforschung, sondern auch für die Planung eines sinnvollen Therapiekonzeptes auftun, verdeutlichen, warum gerade die neurobiologische Erforschung der Zwangskrankheiten in den letzten Jahren einen solchen Aufschwung erfahren hat.

– Auch nach einer erfolgreichen Verhaltenstherapie lassen sich vergleichbare Veränderungen in denjenigen Hirnstrukturen beobachten, die bei Zwangskranken als geschädigt oder gestört gelten. Auffällig ist dabei, daß im Gehirn nach Verhaltenstherapie offenbar nicht ganz exakt dasselbe geschieht wie nach Pharmakotherapie. Das läßt vermuten, daß beide Verfahren zwar im Prinzip gleichsinnige Wirkungen hervorrufen, daß es jedoch Unterschiede im Detail gibt. Man kann darüber spekulieren, ob dies an den Therapieverfahren als solchen liegt oder ob sich darin widerspiegelt, daß den unterschiedlichen Effekten auch verschiedene Arten der Zwangskrankheit zugrunde liegen. Letzteres würde bedeuten, daß möglicherweise mit Hilfe dieser Verfahren eine Klassifizierung derjenigen Formen von Zwangskrankheiten vorgenommen werden kann, die unterschiedlich gut auf die verschiedenen Therapiestrategien ansprechen.

Die Erkenntnis, daß Pharmakotherapie wie auch Verhaltenstherapie tatsächlich Korrekturen in den neuronalen Strukturen eines zwangskranken Patienten hervorrufen, ist auch noch in anderer Hinsicht von Bedeutung. Daß diese Korrekturen genau diejenigen Strukturen betreffen, die bei Zwangskranken als gestört aufgefallen waren, spricht dafür, daß die Therapie offenbar am richtigen Ort angreift. Dies soll auch deshalb betont werden, weil viele Menschen den Psychopharmaka generell diffuse Eingriffe in „die Persönlichkeit", „den freien Willen" oder ähnlich pauschal bezeichnete psychische Eigenschaften zuschreiben. Gerade aus solchen mißverständlichen Vorstellungen nährt sich bei vielen Menschen eine sonst nicht näher begründete Angst vor der Einnahme von Psychopharmaka. Die hier angeführten Untersuchungen sollten jedoch erkennen lassen, daß Psychopharmaka, in diesem Falle eben Mittel zur Behandlung der Zwangskrankheit, ihren wohldefinierten Wirkort im Gehirn haben. Das soll nicht heißen, daß sie nicht auch an anderen Stellen Wirkungen entfalten könnten. Aber zunächst korrigiert man damit zielgerichtet die Funktion der erkrankten Strukturen. Das ist gerade so, wie man beispielsweise mit Medikamenten gegen Herzrhythmusstörungen zunächst nur diejenigen elektrischen Strukturen am Herzen angeht, die für die Rhythmusbildung zuständig sind. Man verändert damit nicht diffus das ganze Herz „irgendwie".

Wie die genannten Untersuchungen belegen, verursacht auch die Verhaltenstherapie ganz konkret Veränderungen im Gehirn. Dies gilt sowohl für die positiven wie auch für die negativen Wirkungen. Mit den meßbaren positiven Veränderungen können immer auch Nebenwirkungen verbunden sein. Das muß sich jede Therapieform anrechnen lassen. Die Vorstellung, daß eine psychologische Einwirkung keine materiellen, organischen Folgen haben könne, läßt sich nicht aufrechterhalten. Der Glaube, daß eine „Psycho"therapie nur psychische Folgen nach sich zieht, muß zurückgewiesen werden.

Das konkrete Vorgehen bei der Therapie eines Zwangskranken kann hier nicht im einzelnen erläutert werden, es hängt wesentlich auch von den jeweiligen Vorstellungen und Erfahrungen des Therapeuten ab. Nicht allein bei der Verhaltenstherapie, sondern auch bei der medikamentösen Therapie mag es subjektive Gründe geben, warum bei dem einen Patienten diesem und bei dem anderen Patienten jenem Medikament der Vorzug gegeben wird. In jedem Fall jedoch stellen Verhaltenstherapie (eventuell modifiziert oder ergänzt durch kognitive Verfahren) und medikamentöse Therapie mit Clomipramin oder selektive Serotonin-Wiederaufnahmehemmern die erste Wahl bei der Therapie der Zwangskrankheit dar. Psychotherapeutische Verfahren, die sich an den Grundsätzen der Psychoanalyse orientieren, haben sich als so wenig wirksam erwiesen, daß sie derzeit als alleinige Therapie nicht mehr empfohlen werden können. Wenn Patienten mit Zwangsstörungen zusätzlich an Persönlichkeitsstörungen leiden, können andere psychotherapeutische Maßnahmen, u.a. auch Module der tiefenpsychologischen Therapie, als Ergänzung sinnvoll sein. Das gilt auch für die Behandlung der anankastischen Persönlichkeit, die von der eigentlichen Zwangskrankheit zu unterscheiden ist.

Da es in diesem Kapitel darum ging, Therapieprinzipien verständlich zu machen, und nicht darum, konkrete Handlungsanweisungen oder Ratschläge zu geben, kann dies leicht zu einer mißverständlichen Gewichtung der Einzelaspekte führen. Die hier dargestellten Behandlungsverfahren sind jedoch immer nur als *Teil* einer Behandlung zu verstehen. Daneben gilt es, sehr viele andere Aspekte mit zu berücksichtigen. Dazu gehört beispielsweise eine umfassende Aufklärung des Patienten. Dazu gehört auch die Motivierung des Patienten zur Therapie, was unter Umständen eines erheblichen Aufwandes bedarf. Und schließlich gehört dazu auch die Einbeziehung der Familie. Da Zwangskranke nicht selten Familienmitglieder (oder andere Personen ihrer Umgebung) in die Rituale miteinbeziehen, müssen diese ebenso über Sinn und Zweck der Therapie aufgeklärt werden wie der Patient selbst. Nicht selten erlangen Angehörige durch ihre Hilfe und Unterstützung eine wichtige Funktion für den Zwangskranken. Sie werden auf diese Weise unersetzlich. Diesen Status aufzugeben fällt nicht jedem leicht, besonders wenn die Einsicht fehlt, daß dies ein kontraproduktives Verhalten ist. So kaufen sie etwa für den Zwangskranken ein, wenn dieser bestimmte Läden nicht betreten kann. Sie übernehmen Aufgaben, bei deren Ausführung der Patient Dinge tun muß, die Ritualhandlungen in Gang setzten. Patienten, die zwanghaft zweifeln, ob sie jemanden geschädigt haben, rückversichern sich immer wieder bei Angehörigen, daß sie keine Schuld haben, etc. Machen die Angehörigen dies alles mit, weil sie so dem Kranken vermeintlich helfen, verstärken sie jedoch nur die Zwänge. Insbesondere wenn es in der Verhaltenstherapie darauf ankommt, daß der Zwangskranke sich wirklich exponiert, dürfen Angehörige ihm keine Gelegenheit bieten, sich der Exposition zu entziehen. Ihrem Verständnis und ihrer Mitarbeit kommt im Rahmen des Gesamtbehandlungsplanes wesentliche Bedeutung zu.

Weiterhin ist eine sinnvolle Zeitplanung ein wichtiger Aspekt der Behandlung. Das betrifft die Fähigkeit, die viele freie Zeit, die der Patient gewinnt, wenn sich das Zwangsverhalten immer mehr reduziert, auch produktiv zu nutzen. Das Unvermögen, mit der gewonnenen Zeit sinnvoll umzugehen, kann sich ungünstig auswirken. Gerade Zwangspatienten sind häufig darauf angewiesen, sich auf gewohnte Abläufe verlassen zu können. Sie sollten deshalb rechtzeitig darauf vorbereitet sein, sich Alternativen zu schaffen. Sonst verbraucht sich die Energie, die für die Therapie notwendig ist, nur unnütz bei den Versuchen, mit der neuen Situation, einem bisher so nicht erlebten Tagesablauf, fertig werden zu müssen.

Diese Beispiele demonstrieren, daß bei jeder Therapie eine Fülle von Einzelaspekten berücksichtigt werden muß. Die Anwendung einer Behandlungsform, sei es ein Medikament und/oder eine Verhaltenstherapie, sollte deshalb immer in einen Gesamtbehandlungsplan eingebunden sein, der diesen wichtigen Einzelaspekten Rechnung trägt.

3. Neurochirurgie

Etwa bei einem Fünftel aller Zwangspatienten bleiben alle konservativen therapeutischen Bemühungen erfolglos. In diesen Fällen kommt als ultima ratio eine chirurgische Behandlung in Frage. Eine solche Operation – die in den Vereinigten Staaten zwar nicht häufig, aber längst nicht so unüblich ist wie hier – wird heute nur noch *stereotaktisch* ausgeführt. Das bedeutet, daß der knöcherne Schädel nicht eröffnet wird, sondern nur eine dünne Sonde als Instrument bis zu der interessierenden Struktur vorgeschoben wird. Deshalb sind bei den stereotaktischen Operationen sehr viel weniger Komplikationen zu erwarten als bei einer offenen Hirnoperation.

Das Prinzip eines stereotaktischen Eingriffs zur Behandlung der Zwangskrankheit besteht darin, Nervenfasern zu durchtrennen oder Gruppen von Nervenzellen zu zerstören. Dem liegt die Vorstellung zugrunde, daß die Krankheit durch ein ununterbrochenes Kreisen neuronaler Erregung in ganz bestimmten Verbindungen zwischen zwei oder mehreren Kerngebieten im Gehirn entsteht. Eine Durchtrennung dieser Verbindungen oder eine Zerstörung der beteiligten Nervenzellen würde dem auf andere Weise nicht kontrollierbaren Erregungskreislauf ein Ende setzen und somit auch den dadurch hervorgerufenen Krankheitserscheinungen. Für einige Krankheiten, beispielsweise für manche Formen der Epilepsie, ist diese Vorstellung tatsächlich überzeugend und der Nutzen derartiger Eingriffe auch belegt. Was Zwangskrankheiten angeht, so ist dieses theoretische Modell jedoch äußerst lückenhaft.

Entsprechend vielfältig waren bislang auch die Versuche, mittels einer Durchtrennung der verschiedensten Nervenfaserzüge bei sonst nicht beherrschbarer Zwangskrankheit den Patienten Linderung zu verschaffen. Die ersten Operationen zur Behandlung der Zwangskrankheit wurden in den Vereinigten Staaten in den dreißiger Jahren vorgenommen. Die seinerzeit propagierte Psychochirurgie (auch bei einer ganzen Reihe anderer psychiatrischer Erkrankungen) war teilweise nicht mehr als ein unkontrolliertes Herumprobieren nicht ausreichend qualifizierter „Neurochirurgen". Die mitunter katastrophalen neurologischen und psychischen Folgen derartiger Eingriffe haben mit dazu beigetragen, daß dagegen ethische Bedenken erhoben wurden und die „Methoden" in Verruf geraten sind.

Von den Bedenken gegen derartige chirurgische Eingriffe zeugen heute noch die umfassenden Vorsichtsmaßnahmen, die den Patienten schützen sollen. Außer einer umfangreichen Aufklärung gehört dazu, daß mehrere verschiedene Fachärzte die Operation befürworten müssen. Zudem muß nachgewiesen werden, daß die bisherigen konservativen Therapieversuche sämtlich erfolglos geblieben sind.

Es gibt letztlich nur vier operative Verfahren, die zur Behandlung der Zwangskrankheit in Frage kommen. Sie unterscheiden sich lediglich darin, welche Faserzüge durchtrennt werden.

– Bei der *anterioren Cingulotomie* werden beidseitig Teile des Cingulums zerstört. Da dieser Struktur bei der Entstehung der Ängste von Zwangskranken eine wichtige Rolle zukommt, hat man sich von der Zerstörung eine Besserung erhofft. Ängste machen jedoch nur einen Teil der Zwangskrankheit aus und sind auch längst nicht bei allen Zwangskranken der eigentliche Motor der Krankheit. Insofern ist es nicht verwunderlich, daß die Erfolge nicht sehr überzeugend waren. Zu

120

messen sind diese Ergebnisse an den möglichen Komplikationen eines stereotaktischen Eingriffs wie halbseitige Lähmung oder Epilepsie.

– Bei der *subkaudalen Traktotomie* werden die Nervenfasern durchtrennt, die vom Stirnhirn zum Nucleus caudatus ziehen.

– Bei der *anterioren Kapsulotomie* sind es diejenigen, die Teile des Stirnhirns mit Teilen des Thalamus verbinden. Obwohl bestimmte Fehlfunktionen bei Zwangskranken mit einer gestörten Interaktion von Stirnhirn und Nucleus caudatus in Verbindung gebracht werden, ist nicht ganz klar, warum gerade die völlige Unterbindung der beiden Strukturen oder zu Teilen des Thalamus hilfreich sein soll. Dennoch haben verschiedene Untersuchungen ergeben, daß sich bei einem Teil der Patienten die Symptomatik gebessert hat. Die Auswertung derartiger Untersuchungen erfolgte jedoch nach so unterschiedlichen Kriterien, daß exaktere Aussagen, was den Erfolg der Verfahren angeht, letztlich nicht möglich sind. Wie unzureichend die theoretischen Annahmen sind, auf denen die Verfahren fußen, ist auch daran erkennbar, daß man früher irrtümlich annahm, es würden eigentlich ganz andere Strukturen durchtrennt. Insofern darf ein Teil des Therapieerfolgs durchaus als zufällig bezeichnet werden.

– Die vierte Methode, die *limbische Leukotomie,* stellt eine Verbindung von Cingulotomie und Traktotomie dar und soll angeblich die besten Erfolgsaussichten haben. Sie wird daher von manchen Fachleuten als Methode der Wahl bei Zwangspatienten empfohlen, denen sonst keine andere Therapie helfen konnte.

Obwohl es ermutigende Berichte von einzelnen Patienten gibt, die nach einem chirurgischen Eingriff eine bedeutende Besserung erfuhren, haben stereotaktische Eingriffe derzeit immer noch den Charakter eines letzten, verzweifelten Therapieversuches, wenn alles andere fehlgeschlagen ist. Die Möglichkeit dazu sollte dem Patienten, trotz aller Bedenken, nicht vorenthalten werden. Letztlich entscheidet er selbst, ob er die Risiken eines solchen Eingriffes auf sich nehmen möchte.

Man hofft indessen darauf, daß in Zukunft neurochirurgische Verfahren nicht auf das bloße Durchtrennen oder Zerstören von Nerven beschränkt bleiben. Eine gezielte Hemmung oder Aktivierung interessierender Nervengruppen würde das Repertoire der Behandlungsmöglichkeiten erheblich verfeinern. Dies ist vorstellbar über die Transplantation von Zellen, die bestimmte Neurotransmitter produzieren. Die fehlenden Botenstoffe würden dann genau dort zur Verfügung gestellt, wo sie auch benötigt würden. Das Resultat wäre demnach eine neurochirurgische Psychopharmakotherapie.

Weiterführende Literatur

O. Benkert (1995), Psychopharmaka. Medikamente – Wirkungen – Risiken. C. H.Beck Verlag München.

O. Benkert, H. Hippius (1996), Psychiatrische Pharmakotherapie. 6. Auflage, Springer Verlag Berlin/Heidelberg.

W. Ecker (1995), Kontrollzwänge und Handlungsgedächtnis. Ein theoretischer und empirischer Beitrag zum Verständnis der Zwangsstörung. S. Roderer Verlag, Regensburg.

N. Hoffmann (1990), Wenn Zwänge das Leben einengen. Zwangsgedanken und Zwangshandlungen. Ursachen, Behandlungsmethoden und Möglichkeiten der Selbsthilfe. PAL Verlag Mannheim.

E. Hollander (1992), Obsessive-Compulsive-Related Disorders. American Psychiatric Press Washington, DC/ London.

M. A. Jenike (1992), New Developments in Treatment of Obsessive-Compulsive Disorder, in: A. Tasman, M. B. Riba (Edts.), Review of Psychiatry, Vol. 11, American Psychiatric Press Washington, DC/London.

M. A. Jenike, M. Asberg (1991), Understanding Obsessive-Compulsive Disorder (OCD). Hogrefe & Huber Publishers Toronto/Lewiston NY/Bern/Göttingen/Stuttgart.

M.A. Jenike, L. Baer, W. E. Minichiello (1990), Obsessive-Compulsive Disorders. Theory and Management. Second Edition, Year Book Medical Publishers, inc. Chicago/London/ Boca Raton/Littleton.

S. Lem (1978): Anake, in: Pilot Prix. Insel Verlag. Frankfurt a. M.

J. Rapoport (1989), The Boy Who Couldn't Stop Washing. Penguin Book New York. Deutsche Ausgabe: Der Junge, der sich immer waschen mußte (1993), MMV Medizin Verlag München.

H. S. Reinecker (1994), Zwänge. Diagnosen, Theorien und Behandlung. 2. Auflage, Verlag Hans Huber Bern/Göttingen/Toronto/Seattle.

L. Süllwold, J. Herrlich, S. Volk (1994), Zwangskrankheiten. Psychobiologie, Verhaltenstherapie, Pharmakotherapie. Verlag W. Kohlhammer Stuttgart/Berlin/Köln.

J. Zohar, T. Insel, S. Rasmussen (1991), The Psychobiology of Obsessive-Compulsive Disorder. Springer Series on Psychiatry (4), Springer Publishing Company New York.

Register

Abwehrmechanismus 84
Alkoholismus 43–45
Analcharakter 20
anale Phase 84
Angst, hypochondrische 30
Angsterkrankung 29 f.
Angststörung, generalisierte 30
Anorexia nervosa 49
Antidepressiva 99

Basalganglien 60
Bekenntniszwang 19
Berührungszwang 19
Belimie 49
Buspiron 108

Chorea (Veitstanz) 60
Chingulotomie, anteriore 120
Cingulum 66
Citalopram 101
Clomipramin 99–107
Clonazepam 109
Clonidin 109
compulsions s. Zwangshandlung

Depression, anankastische 29
Diabetes insipidus 66
Dopamin 110

Ersatzritual 93
Eßstörungen 49
Eßsucht, unkontrollierte 49

Fenfluramin 109
Fluoxetin 101
Fluvoxamin 101

Gedächtnis, motorisches 82–84
Gedächtnis, sensorisches 82–84
Gedankenstop 94
Gewöhnung (Habituation 94

Hypothalamus 66

Impulskontrollstörung 37–40

Kapsulotomie 121
Kleptomanie 41 f.
Konditionieren, klassisches 69
   –, operantes 69
Konfrontation (exposure) 90
Kontrollzwang 17 f.

Langsamkeit, primäre zwanghaft
   23
Lernen am Erfolg 69
   – am Modell 91
Lerntheorie, kognitive Aspekte 74
Leukotomie, limbische 121
Limbisches System 66
Lithium 108

MAO-Hemmer 109 f.
m-Chlorophenylpiperazin (m-CPP)
   60

Neurochirurgie 119–121
Neuroleptika 110 f.
Neurotransmitter 54–60
Neutralisieren von Zwangshand-
   lungen 75 f.

obsessions s. Zwangsgedanken 16
Operieren, stereotaktisches 119
Ordnungszwang 20

Panikattacke 30
Parkinsonerkrankungen 61
Paroxetin 101
Persönlichkeitsstörung, anankasti-
   sche 20–22, 28
   –, schizotypische 30 f.
   –, zwanghafte 20–22, 28
Pharmakotherapie 99–115
   –, Abbruch 107
   –, Erfolge 111 f.

–, Kontrolluntersuchungen 106
–, Nebenwirkungen 101, 106
–, Rückfallraten 112
Phobien 30, 71
preparedness 71
Psychochirurgie 120

Redaktionsverhinderung (response prevention) 90
Reduktionismus 52
Reizmuster 71
Rezeptor 56–58
Risperidon 110

Sammelzwang 19
Sättigung 94
Schlafkrankheit 61
Schuld, pathologische 23
Serotinin 55–60
–, Wiederaufnahme 58
–, Wirkungen 55 f.
Serotonin-Syndrom 110
Serotonin-Wiederaufnahme-hemmer 56, 101
Spielsucht 42 f.
Stimulus, konditionaler 69
Stimulus, neutraler 69
Stirnhirn, Funktionen 63
–, Veränderungen bei Zwangs-krankheit 62 f.
Striatum, Funktionen 63 f.

Tic 46–49
Tourette-Syndrom 46–49
Trakotomie, subkaudale 121
Trichotillomanie 40 f.
Tryptophan 55, 108

Übersprungshandlung 76 f.

Veitstanz s. Chorea
Verhaltenstherapie 90–98
–, Erfolge 96 f.
–, Grundlagen 90
–, kognitive Aspekte 95 f.
–, Mißverständnis 93
–, Selbstbehandlungskompetenz 97
Verstärkung, positive 69 f.

Wahn 24
Waschzwang 18, 24 f.

Zählzwang 18 f.
Zwang 17
Zwangsbefürchtungen 23
Zwangsgedanken (obsession) 16, 22 f.
Zwangshandlungen (compulsion) 16–22
Zwangsimpuls 23
Zwangskrankheit, Ausbreitungs-tendenz 26 f.
–, Definition 16
–, Diagnose 27–29
–, und Gedächtnisstörungen 82–84
–, bei kindern 33–35
–, neuroanatomisches Modell 64–67
–, bei Schwangerschaft 35 f.
Zwangsvorstellungen 23
Zweifeln, krankhaftes 22

Geist und Psyche

Otto Benkert
Psychopharmaka

Medikamente – Wirkung – Risiken
2., verbesserte Auflage. 1996.
138 Seiten mit 10 Abbildungen und 9 Tabellen.
(Beck'sche Reihe Band 2013 – C.H.Beck Wissen)

„Das Ziel einer nüchternen Information über die heute gängigen Psychopharmaka für den Laien erreicht das Buch in jeder Hinsicht. Benkert
diskutiert auch die umstrittenen Aspekte des Themas kritisch. Vor allem
deshalb kann das Werk nicht nur Patienten und Angehörigen, sondern
jedem Interessenten empfohlen werden."   *Spektrum der Wissenschaft*

John H. Greist/James W. Jefferson
Depression

Was man darüber wissen sollte und was man dagegen tun kann
Aus dem Amerikanischen von Edith Wesel
1995. 155 Seiten. Paperback
(Beck'sche Reihe Band 1093)

Brigitta Bondy
Was ist Schizophrenie?

Ursachen, Verlauf, Behandlung
1994. 113 Seiten. Paperback
(Beck'sche Reihe Band 1077)

Friedrich Strian
Angst und Angstkrankheiten

2. Auflage. 1996. 134 Seiten mit 18 Abbildungen
und 8 Tabellen. Paperback
(Beck'sche Reihe Band 2007 – C.H.Beck Wissen)

Kurt Zänker
Das Immunsystem des Menschen

Bindeglied zwischen Körper und Seele
1996. 140 Seiten mit 11 Abbildungen und 1 Tabelle. Paperback
(Beck'sche Reihe Band 2049 – C.H.Beck Wissen)

Verlag C.H.Beck München

Medizin und Gesundheit in C.H. Beck Wissen

Gabriel Stux
Akupunktur
Grundlagen – Techniken – Anwendungsgebiete
1996. 140 Seiten mit 20 Abbildungen und Tabellen. Paperback
(Beck'sche Reihe Band 2045)

Paul U. Unschuld
Chinesische Medizin
1997. 136 Seiten mit 11 Tabellen und Diagrammen. Paperback
(Beck'sche Reihe Band 2056)

Friedrich Strian
Schmerz
Ursachen – Symptome – Therapien
1996. 144 Seiten mit 35 Abbildungen. Paperback
(Beck'sche Reihe Band 2036)

Dieter Ladewig
Sucht und Suchtkrankheiten
Ursachen – Symptome – Therapien
1996. 106 Seiten. Paperback
(Beck'sche Reihe Band 2037)

Götz Kockott
Die Sexualität des Menschen
1995. 124 Seiten mit 4 Abbildungen und 2 Tabellen. Paperback
(Beck'sche Reihe Band 2024)

Wilhelm Feuerlein
Alkoholismus
Warnsignale – Vorbeugung – Therapie
2. durchgesehene Auflage. 1997
118 Seiten mit 4 Abbildungen und 5 Tabellen. Paperback
(Beck'sche Reihe Band 2033)

Verlag C.H. Beck München